D1663108

Geschichte der Dorfgemeinde Simmenau

Hinweise:

Die Erzählungen stammen aus der Sicht eines Zeitzeugen, der den 2. Weltkrieg miterlebte.

Alle in diesem Werk gezeigten Symbole, strafbar nach § 86a StGB dienen ausschließlich der wissenschaftlichen Arbeit und staatsbürgerlichen Aufklärung.

Mit dem Kauf dieses Buches verpflichtet sich der Erwerber, dieses nur zum Zwecke der staatsbürgerlichen Aufklärung, der Abwehr verfassungswidriger Bestrebungen, der Kunst, der Wissenschaft, der Forschung oder der Lehre, der Berichterstattung über Vorgänge des Zeitgeschehens oder der Geschichte oder ähnlichen Zwecken zu verwenden.

Der Verkäufer bietet diese Publikation nur unter diesen Voraussetzungen an. Der Käufer verpflichtet sich, diese Chronik nur für historisch-wissenschaftliche Zwecke aus oben genannten Gründen zu erwerben und sie in keiner Weise propagandistisch, insbesondere im Sinne des § 86a StGB zu benutzen.

ZGS
Zeitgeschichte Stuttgart
zg-stuttgart@web.de

Persönliche Biografien, die Zeitgeschichte erzähle
Zeitzeugen berichten über ihre persönlichen
Erfahrungen, Leidsituationen und
zwischenmenschlichen Erlebnisse.

Zeitgeschichte Stuttgart Verlag (ZGS)   Postfach 1812   73608 Schornd
Tel: 015219224€

ISBN 978-3-9822296-6-9
Herausgegeben von Zeitgeschichte Stuttgart
Zusammengestellt von Ruth Michel im Jahr 2020
Cover-Design und Layout: Zeitgeschichte Stuttgart Verlag
Bildnachweise Cover: 1-Bild © Zeitgeschichte Stuttgart Verlag
Bilder, Berichte und Erzählungen:
Aus dem Archiv von Ruth Michel
Auf ausdrücklichen Wunsch des Autors wurde die Schreibweise
unverändert vom Manuskript übernommen.

Schlossteich mit Inspector- u. Gärtnerhaus

Schlosseinfahrt.

GRUSS aus

Schlossbrauerei.

SIMMENAU.

Schloss.

Janek's Gasthof

Kriegerdenkmal.

C. Winklers Warenhandl.

Pfarrhaus.

Kirche.

GRUSS

V. Wenzel's Bäkerei.

aus SIMMENAU

Schloß Simmenau
Kr. Kreuzburg O/S.

Simmenau

[Oberschlesien]

Im Nordwestzipfel des Kreuzburger Landes, an der Straße Konstadt — Reichtal, liegt Simmenau, das früher zum Briegischen Anteil des Kreuzburger Kreises gehört hat und sich im vorigen Jahrhundert eines besonderen Rufes in landwirtschaftlicher Beziehung erfreute. „Wird schon seit den zwanziger Jahren von Landwirten aus allen Ländern um des Studiums willen aufgesucht", berichtet Triest in seinem oberschlesischen Quellenwerk von 1865. — Flachsbau und Schafzucht vor allem trugen zur Berühmtheit des kleinen abgelegenen Ortes bei. Von 1823 bis 1846 bestand dort auch eine Glashütte, der die Produktion „vorzüglichen Glases" nachgerühmt wurde, ebenso wie die Güte des „bayerischen Bieres", das die seit alten Zeiten bestehende Brauerei Simmenau braute, der später eine Brennerei in „schwunghaftem Betriebe" angegliedert worden ist.

Geschichte der Dorfgemeinde Simmenau

Von Heinrich Gawel.

In den Schlesischen Regesten 1289 lesen wir von dem großen Grenzwald, der Preseka, die das Pitschensche Gebiet von den Namslaueischen scheidet. Dieser mehrere Kilometer breite Grenzwald, der sich rings um Schlesien zog kam von der Oder nach Nordosten, wurde von dem Stober durchquert und bedeckte das ganze Gebiet, das zwischen Kreuzburg, Pitschen und Namslau lag. Die Preseka war, wie Schulte sie schildert, ein dichter Urwald, der noch künstlich durch Holzverhaue völlig ungangbar gemacht worden war, um das schlesische Land vor den Einfällen östlicher Gegner zu schützen. Städte und Dörfer waren natürlich nicht in dem Grenzwald zu finden, wohl aber hatten die wenigen zerstreuten Slawen kleine Wohnplätze mit elenden Holzhütten, in denen sie Schutz gegen die Witterung und gegen Tiere suchten. Diese Holzhütten müssen in den Sümpfen auf Pfahlrosten gestanden haben. Hier und da mag der Wohnplatz etwas größer gewesen sein. Im Ganzen aber waren die Wohnplätze außerordentlich dürftig.

Durch den Grenzwald gingen einige Straßen, die in den Wohnplätzen mit Baumstämmen belegt und dadurch befestigt waren. Die genauen Züge dieser Straßen sind nicht mehr festzustellen, doch kann mit Sicherheit angenommen werden, dass die Straße von Kreuzburg nach Namslau schon seit undenklichen Zeiten bestanden hat, wie auch eine von dem Süden nach dem Norden führende Straße, die sich bei Konstadt mit der ersteren kreuzte. Welche Ortschaften in der Form der Wohnplätze bereits vor der Mitte des 13. Jahrhunderts im Grenzwald vorhanden waren, lässt sich leider nicht mehr sagen. Jedoch sind, wie wir aus der Gründungurkunde der Stadt Konstadt ersehen können, wenigstens einige mit Namen ausfindig zu machen. Die meisten Ortschaften sind erst entstanden, als der schlesische Herzog Heinrich III. das Land mit Siedlern bevölkerte und zu diesem Zwecke große Scharen westdeutscher Menschen in das Land holte und sie hier ansiedelte. Der Grenzwald bildete eine Stelle starker Neusiedlung und Herzog Heinrich hat verschiedenen Unternehmern Land im Grenzwald zugeteilt, um dieses Gebiet urbar zu machen und mit deutschen Menschen zu besetzen.

Simmenau gehört zu den Orten, die frühzeitig im Grenzwald gegründet wurden. Während wir freilich von den allermeisten der neu gegründeten Dörfer keine besondere Gründungsurkunde besitzen, gehört Simmenau zu den wenigen, deren Urkunde bekannt ist. Grünhagen hat in seinem Werk Schlesische Regesten II 953 die Simmenauer Urkunde bekannt gegeben. Wir erfahren aus ihr folgendes: ein Graf Wittko verkauft seine Güter, Semyanowo genannt, 1257 dem Johann zur Aussetzung nach deutschem Recht, wie die Güter um Neumarkt es haben. Wer dieser Graf Wittko war, ist uns leider nicht näher bekannt. Jedenfalls hat er Besitzungen in dem dichten Grenzwald gehabt. Man hat also wohl angefangen, in dem Walde auf Lichtungen die ersten Arbeiten in Angriff zu nehmen. Wenn Simmenau um 1257 ausgesetzt worden ist, so ist dies eher geschehen, als Konstadt und Kreuzburg ausgesetzt wurden. Johann ist der von dem Herzog bestimmte Unternehmer gewesen, der die Ansiedlung des Ortes durch Landverteilung unter die Siedler beginnen sollte. Das Neumarkter Recht, mit dem die meisten in Schlesien gegründeten Orte belehnt wurden, ging wieder auf das alte Magdeburger Recht zurück. In der

Urkunde heißt es weiter, dass Johann und dessen Nachkommen die Scholtissei und davon den dort auszumessenden Hufen, waren es ihrer dreißig oder weniger, drei frei haben sollten, wozu eine freie Schenke und der dritte Teil der Gerichtsfälle trat. Die Zuteilung der Hufen ist hier eine andere als in der nächstgelegenen Stadt. Während der Konstädter Unternehmer jede sechste Hufe frei bekommt, erhält Johann in Simmenau nur drei Hufen vorausgesetzt, dass überhaupt dreißig Hufen da sind.

"Die Kolonisten werden", so heißt es bei Grünhagen weiter, "wenn sie hohen dichten Wald zugeteilt erhalten, 10 Freijahre, für die fünf schon urbar gemachten Hufen drei Freijahre zugesichert, nach deren Ablauf die Hufe ein Vierdung Silber und an Getreide 4 Maß Korn, 2 Maß Weizen und 6 Maß Hafer entrichten, welches im Dorfe selbst abzuliefern ist." Während an anderen Orten mehr Silber und weniger Naturalien zur Lieferung auferlegt wurden, ist es hier umgekehrt. Die zehn Freijahre aber sind überall in gleicher Weise zu finden und scheinen üblich zu sein. Die Kosten der herzoglichen Gerichtsbarkeit haben die Siedler selbst zu tragen. Denn es heißt bei Grünhagen: "bei den drei jährlichen Gerichtstagen haben sie für die Herren, so auch die Knechte die Unkosten (der Bewirtung pp.) zu tragen." (In einer anderen Quelle heißt es u. a.: Simmenau wird als Semenaw bereits 1257 genannt. Das deutsche Element scheint dort vorherrschend gewesen zu sein. Doch ist über die Anfänge nichts bekannt. Demgegenüber dürfte Skalung wieder stärker slawisch gewesen sein und hat seinen Namen von den Anhöhen, auf denen der Ort liegt. In der Aussetzungsurkunde der Stadt Konstadt bestimmte Heinrich III., dass "in den Dörfern, welche 50 Hüben haben werden, sie eine Kirche bauen sollen, zu welcher wir zwei Hüben geben besonderlichen allen, als dass eine jene zwo sonderliche Hüben haben sollen." Da die Dörfer Ober- und Niederweiden, Simmenau und Skalung offenbar mehr als 50 Hüben hatten, erhielten sie auch das Kirchenland, das sich als Pfarrwidemut bis in die letzte Zeit erhalten hatte. Es ist zweifellos, dass die Dörfer bald bei der Gründung auch ihre Kirche bekamen, allzumal die Simmenauer Kirche schon 1257 genannt wird.)

Über die kirchliche Anlage findet sich nur der Satz: "dass die Kirche eine von den erwähnten schon urbar gemachten Hufen erhält." Wie in all den Kirchdörfern zu erkennen ist, geht die jetzige Pfarrwidemuth auf die alte Hufe zurück, welche der Aussetzung eines Dorfes zum Unterhalt der Kirchenbeamten, des Pfarrers und des Küsters, gegeben wurde. Von dieser Hufe musste der Pfarrer seinen Lebensunterhalt neben den sonstigen Einkommensteilen aus Opfern, Dezem, Zins pp. ziehen und er musste davon einen Teil dem sogenannten Küsterkleriker abtreten, der neben ihm an der Kirche als Stellvertreter tätig war. Aus diesem Teil ist späterhin der Organistenacker gebildet worden.

Im ganzen ist nur zu sagen, dass die Ortsanlage Simmenau im großen und ganzen wie jede andere Ortsanlage gebildet worden ist. Sie ist eine zweifellos deutsche Gründung wie so viele im Kreuzburger Kreis. Selbst wenn etwa vorher an der Stelle von Simmenau ein alter Rest einer slawischen Siedlung im Urwald vorhanden gewesen sein sollte, so müsste dieser ganz unbedeutend gewesen sein, da man doch eben die Stelle in einem solchen Zustand vorfand, das eine Besiedlung mit deutschen Siedlern für notwendig erachtet wurde. Das Eindringen der polnischen Sprache, die durch Jahrhunderte die beherrschende wurde, ergab sich naturgemäß aus dem starken Handelsverkehr mit den polnischen Bevölkerungsteilen und dem lebhaften

Grenzverkehr. Aus der Zeit der Gründung wird uns über Simmenau sehr wenig bekannt. Doch finden wir eine Notiz in den Schlesischen Regesten Nr. 3692, wonach unter dem 18 Juni 1317 ein Pfarrer Peter von Simerow (Simmenau) genannt wird. Diese Notiz lässt uns darauf schließen, dass sich der Ort nach der Absicht seiner Gründer entwickelt hat. In den "Studien zur schlesischen Kirchengeschichte" in den wir ein Verzeichnis von Ortschaften, die Zins und Abgaben nach Breslau leisten mussten. Unter diesen Ortschaften ist auch Simmenau genannt. Das Verzeichnis stammt aus dem Jahr 1406. Um dieses Jahr hat also Simmenau in voller Entwicklung als abgabepflichtiges Dorf gestanden. Im Übrigen ist uns aus diesen Jahrhunderten von Simmenau nichts bekannt. Die spätere Entwicklung ergibt, dass der Ort als nördlichster Teil stets zu dem Konstadter Weichbilde gerechnet wurde. Er hat daher an all den Schicksalen teilgenommen, die über dieses Ländchen gekommen sind. Alle Unbill, die sich durch den Herrschaftswechsel der Gebiete Konstadt, Kreuzburg und Pitschen ergab, wurde ertragen. 1436 war es soweit, dass die Hussitten, die das Ländchen eine Reihe von Jahren in Besitz hatten und mit Plünderungen und Brandschatzungen nicht gespart hatten, das Gebiet dem Herzog von Oels überließen. Der Herzog erhielt es von dem polnischen Parteigänger der Hussitten Dobke Puchal unter ehrenvollen Bedingungen. Damals kam es dazu, dass Simmenau in zwei Teile zerfiel, deren einer Teil im Herzogtum Oels und deren anderer Teil nunmehr im Herzogtum Brieg lag. Während der westliche Teil Obersimmenau genannt wird, wird der östliche Teil Niedersimmenau genannt. Aus dieser Lage ergaben sich späterhin eine Menge Komplikationen, unter denen das Dorf zu leiden hatte. Der Zustand hörte damit auf, dass Schlesien an Preußen fiel und die alte Einteilung in Herzogtümer beendet wurde.

Maximilian von Prittwitz und Gaffron, Generaloberst.
Fotografie: Nicola Perscheid, 1915

Maximilian „Max" Wilhelm Gustav Moritz von Prittwitz und Gaffron (* 27. November 1848 in Bernstadt, Landkreis Oels, Provinz Schlesien; † 29. März 1917 in Berlin) war ein preußischer Generaloberst und zu Beginn des Ersten Weltkriegs Oberbefehlshaber der 8. Armee.

Pfotenhauer hat in seinem Bericht über "den Adel des Fürstentums Oels" auch eine Schilderung des Weichbildes der Stadt Konstadt gegeben, zu dem Simmenau gehörte. Freilich findet sich dort über Simmenau nur ein kurzes Sätzlein und dieses lautet: "Jan Stwolenski heltt das dorff zcue Semenaw eynes teyles." Da wir die zeitliche Ansetzung dieses Berichtes nicht einmal wissen, ist uns diese Notiz wenig wert. Doch scheint sie auf Besitzverhältnisse im Anfang des 16. Jahrhunderts zu deuten. Eine andere Quelle sagt: "Simmenau scheint zwar ein Dorf mit seinen zwey Anteilen zu sein, da sie aneinander liegen, alleine weil solche zweyen verschiedenen Fürstentümern gehören, so werden sie hier als zwey Dörfer angesehen. Simmenau, erster Antheil, gehöret zum Kreuzburgschen Kreise. Der gegenwärtige Besitzer ist der Herr von Götz und bestehet aus einem Vorwerk, einem Bauern, 20 anderen Häusern und 122 Menschen. Simmenau, zweyter oder Konstädtscher Antheil, gehöret zum Konstädtschen Ländel und also zum Herzogthum Oels, ist das Eigentum der Herrn Grafen von Geßler, und fasset eine evangelische Kirche, 2 Vorwerke, 4 Bauern, 37 Feuerstellen und 164 Einwohner." Auch hier fehlt noch die zeitliche Zuordnung. Von Prittwitz hat im preußischen Staatsarchiv in Breslau eine Zusammenstellung der Besitzer aller Güter, die im ehemaligen Herzogtum Oels lagen, vorgenommen und dabei auch Simmenau untersucht, wenn auch nur den westlichen Teil. Doch berührt er hin und wieder auch den östlichen Teil des Gutsbesitzes. Nach seinen Aufzeichnungen haben die Gebrüder Gregor und Wenzel Wolski ihr Gut Simmenau und das Vorwerk Kottschütz dem Hans Stwolensky zu Reinersdorf verkauft und den Verkauf zu erblichen Rechten bestätigt. Sie fügten hinzu, dass dies so geschehe, "wenn er aus den alten Briefen nachweisen kann das polnische Recht, sonst zu Lehnsrecht und einen Salzmarkt dazu und eine Schenke". Hans Stwolensky hat das Gut bis zu Jahre 1564 in seinem Besitz gehabt. Danach geht es an die Familie von Posadowsky über, die seit 1499 nach Konstadt gekommen war und die dortigen großen Güter besaß. Freilich starb noch im gleichen Jahr 1564 der Besitzer von Konstadt. Seine Witwe heiratete Paul Geraltowsky genannt Studnitz aus dem Hause Jeroltschütz. Paul Geraltowsky bleibt Mieter der Güter bis 1579 dann fällt der Besitz dem herangewachsenen Sohn der Posadowskis aus der ersten Ehe zu. Aus dessen Hand geht nun das Gut Simmenau an Nickel Friedrich Barth über. Paul Geraltowski ist der Mann, der am stärksten reformerische Tendenzen im Konstädter Weichbild aufweist. Er hat den bis 1564 noch in Konstadt amtierenden Pfarrer entlassen und dafür einen lutherischen berufen. Auf dem Lande hat sich der katholische Glaube naturgemäß noch weit länger gehalten. Wir hören nichts davon, das Simmenau von der lutherischen Lehre schnell berührt worden wäre. Wenn Anders in seiner Statistik angeführt, dass die Kirche zu Simmenau 1540 zur Lehre Luthers übergegangen sei, so lässt sich diese Nachricht historisch in keiner Weise belegen und ist im höchsten Grade unwahrscheinlich. Zwar ist 1538 der Herzog Karl in Oels gestorben. Dieser hatte streng darauf geachtet, dass in seinem Gebiet kein lutherischer Prediger angestellt wurde. Sein enges Verhältnis zu dem Breslauer Reformator Heß hat nicht im geringsten darauf eingewirkt, dass der Herzog der lutherischen Lehre zugänglich wurde. Vielmehr hat er bis zum letzten Ende daran festgehalten und ist auch mit allen Ehren der katholischen Kirche beigesetzt worden. Seine Söhne freilich waren durch ihre Mutter der evangelischen Lehre zugeneigt. Wenn man auch annehmen kann, dass nach dem Tode des Vaters die Söhne der evangelischen Lehre alle Möglichkeiten der Ausbreitung öffneten, so ist doch nicht anzunehmen, dass sofort alle katholischen Pfarrer entlassen wurden. Dies wäre auch nicht möglich gewesen, wollte man das Land nicht von allen Geistlichen entblößen. Konstadt hat daher seinen Pfarrer noch bis 1564 gehabt und es ist sehr wahrscheinlich, dass auch in Simmenau der katholische Pfarrer noch lange anwesend gewesen ist. Fuchs erzählt uns in seiner Reformationsgeschichte des Fürstentums Oels, dass der katholische Pfarrer in Simmenau noch sehr lange da geblieben sei. Erst als er von allen Parochianen verlassen gewesen sei, habe er sein Bündel geschnürt und habe Simmenau den Rücken gekehrt. Hier liegt nach meiner Ansicht auch die Lösung jener Frage, weshalb sich Kölling vergeblich abgemüht hat, die lutherischen Pfarrer Simmenaus zwischen der Reformationszeit und dem dreißigjährigen Krieg namentlich ausfindig zu machen. Wahrscheinlich hat es zwischen dem letzten katholischen Pfarrer, der sich anfangs des 17. Jahrhunderts nachweisen lässt, in Simmenau überhaupt keine Geistlichen gegeben. Dies wird auch durch eine kurze Nachricht aus der Zeit bestätigt, nach der es heißt, dass es am Ende des 16. Jahrhunderts auf dem Lande zwischen Kreuzburg und Namslau so gut wie gar keinen lutherischen Pfarrer gegeben habe. Tatsächlich standen viele Pfarreien lange Zeit leer und es hat dies bis auf den heutigen Tag nachgewirkt insofern, als eine Reihe von Pfarreien wegen des Pfarrermangels zusammengelegt wurden und sich größere Gesamtparochieen bildeten. Wir finden daher im Kreuzburger Kreise eine große Zahl von Parochien mit einer oder mehreren Filialen, die früher selbstständige Pfarreien gewesen sind.

Im Übrigen, ein Ereignis ist an Simmenau gewisslich nicht vorüber gegangen. Das war die Schlacht von Pitschen im Jahre 1588. Leider ist uns davon nichts Genaueres über das Schicksal des Dorfes überliefert. Die aus Pitschen entlassene

Mannschaft des geschlagenen Heeres des Erzherzogs Max muss nach dem Bericht dicht in der Nähe von Simmenau vorüber gekommen sein, da sie von Pitschen nach Namslau marschierte. Wenn es Fernerhin heißt, das nach der Schlacht die Polen ringsum etwa 200 Dörfer in Brand setzten, so ist gewisslich auch Simmenau von den Polen verheert und niedergebrannt worden.

1598 kommt das Gut Simmenau mit dem einen Teil in die Hände von Wolffs. 1614 erwirbt es Hans Stoschinski und 1618 geht es an Adam Baruth über. Sein Nachfolger war Wilhelm Motellus. Dieser ist zu Marggrabowa, nach anderen zu Oletzko in Ostpreußen geboren. Er hat das älteste Kirchenbuch angefangen und ist im Jahre 1668 gestorben. Seine Frau war Anna Maria Leubeker. Er wirkte in Simmenau von 1652 bis 1668. 1614 wurde eine neue Kirche errichtet. Darüber sind einige Nachrichten vorhanden. Wie die Simmenauer Kirchenchronik mitteilt, kamen die Besitzer der beiden Dominialgüter, die gleichzeitig Patronatsgüter waren, dahin überein, wie die Kirche gebaut werden sollte. In der gleichen Weise, wie damals alle Kirchen errichtet wurden, plante man die Kirche als Schrotholzbau. Der Beitzer des Gutes, das auf der ölsnischen Seite lag, war damals Stwolinsky von Steinersdorf. Das Gut auf der briegischen Seite besaß Bronth von Breßwitz. Diese beiden schlossen den Baukontrakt mit dem arbeitsamen "Hansen Hasen, Vater und Sohn". Die Kirche sollte nach dem Muster der Kochelsdorfer Kirche erbaut werden. Als Preis wurde der Betrag von 150 Talern und ein Deputat von Naturalien vereinbart. Der dreißigjährige Krieg mit allen seinen Leiden, die er dem Kreise Kreuzburg gebracht hatte, ist an Simmenau wohl auch nicht ganz spurlos vorüber gegangen, doch fehlen hier genauere Nachrichten völlig. Kurz vor dem Ende des Krieges kommt der erste lutherische

Geistliche nach Simmenau, der und dem Namen nach bekannt ist. er hieß Adam Albinus und war am 26. Dezember 1606 in Friedland im Fürstentum Oppeln geboren. Seine Studien begann er 1618 in der böhmischen Schule zu Troppau. 1623 ist er in Neustadt, danach 1 ½ Jahr in Brieg und Kemnitz. 1 ½ Jahr arbeitete er in Barfeld in der Zips und schließlich ist er 1627 in Wittenberg. 1643 wurde er Pastor zuerst in Drolwitz und dann in Schönwalde im Wartenbergischen Gebiet. 1645 kommt er nach Simmenau und bleibt 6 Jahre und 15 Wochen. Von Simmenau aus geht er nach Oberstradam, wird von hier vertrieben und stirbt 1676 in Olberndorf.

Die Simmenauer Schrotholzkirche wurde 1614 erbaut, vo
Zimmermann Hans Hase und seinem Sohn.
1878 wurde sie nach Einweihung der neuen Kirche abgetragen.

Nach dem dreißigjährigen Krieg ließ der Herzog Sylvius von Oels die kirchliche Ordnung, die durch den Krieg und die damit verbundenen Wirren außerordentlich in Mitleidenschaft gezogen worden war, wiederherstellen. Zu diesem Zweck gab er eine Kirchenordnung, die man Kirchenkonstitution nannte, heraus. Dies geschah in den Jahren 1662 bis 1663. Nach seinem Tode wurde sie von seiner Gattin Elisabeth Maria gedruckt und herausgegeben. Nach dieser Kirchenkonstitution sollte die Ordnung in den einzelnen Kirchengemeinden einheitlich festgelegt werden. Die Pfarrei in Simmenau unterstand dem Senior zu Konstadt. Diesem oblag die Einführung der Kirchenkonstitution in seinem Sprengel. Der damalige Senior hieß Georg Fulcerinus. Er setzte im Jahre 1668 in Simmenau eine Kirchenvisitation an. Das war die erste Kirchenvisitation, die in Simmenau gehalten worden ist. Die Visitation lässt uns in die kulturellen Verhältnisse des Dorfes Simmenau einen guten Einblick tun. Die Pfarre war gerade vakant. Fulcerinus hat über die Visitation einen genauen Bericht gegeben, dem wir nun eine ganze Reihe von Einzelheiten und Angaben entnehmen können. So schreibt Fulcerinus über die Kenntnis des Katechismus bei den Leuten: "wenn aber jemand nach Anleitung des Blassischen Katechismus etwas gefragt wird, will mir niemand nicht antworten, verstehen auch nicht mehr nur die bloßen Worte und die Fragestücke des Katechismi Lutheri, auch ist großer Mangel daran, da sich jahr wenig Leute in solche Katechismuslehren einfinden, wird demnach in diesem passu ernster fürstlicher animadversion höchstens von Nöten sein. Die Schulknaben aber, wenne dieselben von mir in der Kirche examinieret werden, bestehen rühmlich".

Über die Schule berichte Fulcerinus für Simmenau folgendes: "die bleybets bey dem alten Mangel, dass weder einige Knaben noch Mägdelein in die Schule geschickt werden, in wessen die Eltern vorwenden, dass sie schon ihre Kinder zum Vieh Hütten bedürfen. So werden auch die Untertanen von den Herrschaften dazu nicht angehalten". Fulcerinus prüft die Kirchenbücher und urteilt dann: "die Seelenregister werden auch in kleiner Kirchen gehalten. Die anderen Kirchenbücher werden aber fleißig registrieret". Der Pfarrer wurde angehalten, über die Seelen seiner Parochie eingenaues Verzeichnis zu führen. Leider tat dies der Simmenauer Pfarrer nicht. Wären diese Seelenregister vorhanden, so gäben sie umfangreiche Aufschlüsse über die Einwohnerschaft der Dörfer.

Über die Agende, die im Gottesdienst gebraucht werden soll, schreibt Fulcerinus: " die Kirchenagenda haben sie noch nicht, ungeachtet sie aus beyden Kirchen zu drei Exemplaren Geld gegeben hatten,wüssten aber nicht, hinkommen wäre". Über die Feier der ganzen Feste und der Buß- und Bettage kann Fulcerinus in Simmenau folgendes feststellen: "die ganzen Feste werden den ganzen Tag gehalten, die Apostolischen aber einen halben Tag und wen Sonnabends oder Montags einer einfelt, wird davon in der Ambspredigt gehandelt. Die Bußtage werden nach dem Tode des Pfarrers nicht gehalten". Ueber den rechten Brauch von Gottes Wort heißt es für Simmenau: "wann der Pfarrer nicht einheimisch gewesen, hatte ihn der Kirchenschreiber mir Verlesen der Postille vertreten. Es hatten auch Studiosi gepredigt, ungeachtet dieselben vom fürstlichen Herren Hofprediger keinen Schedulam gebracht".

Über die Wochengebete finden wir eine Aufzeichnung mit folgenden Worten: " die Wochengebeth werden zu Deutsch-Würbiz in der Mittwoch zu Simmenau des Freytags gehalten, aber wenig Leuthe besuchten solche Gebth, denn

sie würden gemeiniglich an solchen Wochengebethen durch
die Hoffearbeit gehindert".

Kirche - Deutsch Würbitz

Von der Taufe heißt es in Simmenau: " die Neugebohrene Kinder werden auch eilfertig zur heiligen Taufe befördert, bei ausgesetzten Zahl der Gefattern wäre es nicht allewege geblieben, sondern hatte oftmals fünf auch wohl mehr gefattern zugelassen". Von der Berichtpraxis im Kirchenspiel Simmenau erfahren wir: "von der Beichte wird berichtet, daß die confitenten niemals in specie, sondern alle wohl in genere weren absolviert worden, ein wendende, daß solches um der vilen Predigten willen hat geschehen müssen. Das junge Volk aber wäre vor der emfahung deß hochwürdigen Abendmahls im Pfarrhofe examiniret worden" Über den Gebrauch des Abendmahls heißt es: "das hochwürdige Sakrament des Altares ist nach der fürstlichen ölsnischen Konstitution allzeit administrieret worden." Kommunisanten, die am Kommunionstage Aergernis gaben, werden mit Gefängnis oder noch härter gestraft.von der Kirchenbuße in Simmenau heißt es ausdrücklich: "die Kirchenbuße wird mit Knieen und im Halfenstehen an den deliquenten exsequieret". Die übelberüchtigten Pfarrkinder sollte der Pfarrer ernstlich vermahnen und, wenn die nicht half, diese von der Feier des heiligen Abendmahls ausschließen. Hierzu wird in Simmenau hinzugesetzt: "die gradus admonitionum weren auch fleißig observiert gewesen".

Von dem Leben der Christen zu Simmenau wird gesagt: "Zu befleißigen sie sich noch ziemlicher Gottseligkeit. Auch dem Fluchen, Wahrsagen, Segen sprechen, Dieberey und so fortan nicht gemerket wird. Die Polken oder Hirten kommen nicht zur Kirche, als wenn dieselbigen zum hochwürdigen Abendmahl gehen".

Von dem früheren Pfarrer wird gesagt: "dass er die Krancken fleißig besucht hat, auch gemeiniglich der formul, so im 3. Art. Der Oelnischen Agende verfasset, inhaeriret". In den Ehen ist es zu jener Zeit in Simmenau geradezu mustergültig zugegangen. Es heißt darüber: "kein matrimonial casus hatte sich zeithers weder zu Simmenau noch zu deutsch Würbitz zugetragen. So sind auch Braut und Bräutigam vor der Trauung im catechismo examiniert worden. Die einzelnen Gäste stellten sich nicht allemal mit dem Bräutigam in die Kirche. Die Copulation war auch bisweilen bei Lichte geschehen. Die Haustrauung war außer denen vom Adel auch niemandem zugelassen. Von Missbräuchen weiß man nichts zu sagen, fremde Personen ohne Kundschaft werden auch nicht getrauet". Über den Opfergang zu Simmenau schrieb Fulcerinus: "Den Opfergang hatte der Herr Pfarrer auch erhalten, vom Kindtaufen hatte er sich mit vier Sgl., von der Einleitung mit zwei Slbgdl., von der Trawung mit 1 Rthl., von der Leichenpredigt mit drei Ortshalern contentieren lassen." Mit der Verwaltung des Kirchenvermögens in Simmenau wird es so gehalten: "daß das Kirchenvermögen in der Kirchlade verwahret wird, zu welcher nur der Herr collator einen Schlüssel hat". Neben dem Pfarrer amtierte in Simmenau ein Kirchschreiber. So wurde ursprünglich der Organist genannt. Derselbe hatte auch noch in Dt. Würbitz mitzuhelfen, da diese Kirche früher mit der zu Simmenau verbunden war. Fulcerinus schreibt hiervon: "Zu Simmenau ist zwar ein Kirchenschreiber, welcher die Kirche zu Dt. Würbitz mit dem singen bestellt, aber für seine Müh diese gar geringe Besoldung hat, Tischgroschen 20gl., 2 Scheffel Korn, 2 Scheffel Hafer, von allen Pawern sechs Brodt. Zu Dt. Würbitz ½Rth, bey welcher schlechten Besoldung er noch mit den Vieh accisen belegt wird."

Die Patrone waren zu jener Zeit Herr Siegfried von Stowolinski und Steinersdorf und Herr Michael Ernst von

Salisch und Stibendorf von beiderseits erbgesessen auf Simmenau. Als Kirchenväter amtierte damals: Woytek Urbaniec. Er gehörte unter dem Herrn von Faltin zur ölsnischen Seite. Außerdem war von der Briegischen Seite unter dem Herren von Stowolinski: Kuba Pawels Sohn.

Von 1668 bis 1675 amtierte in Simmenau Matthaeus Muscalius. Köling schreibt von ihm folgendes: "Er ist Pitschener Stadtkind, welches allda und in Brieg die ersten Gelehrsamkeit einsammelte uns zu Jena seine Studie absolvierte. Zu Oels erhielt er den 15. November 1668 seine Ordination als Pastor zu Simmenau und Deutsch Würbitz. Er ging nach Schreibendorf bei Strehlen den 9. Juli 1675 und verwaltete 33 Jahre lang treu sein Amt. Sein Gedächtnis verließ ihn sanft ganz und er hatte nach und nach drei Substituten, bis er 1708 in den Ruhestand trat und 1714 den 9. Juli in eine bessere Welt ging. Er war 76 Jahre alt, folglich 1638 geboren und 40 Jahre im Amt". Von 1675 bis 1676 amtiert als Pastor Marin Reimnitz aus Konstadt. Sein Vater war gleichfalls in Konstadt Diakonus . Er geht 1676 auch wieder nach Konstadt in die Stelle seines Vaters zurück . 1683 bis 1686 ist er Pastor in Polnisch -Würbitz (heut Oberweiden) und geht von hier nach Reesewitz, wo er am 7. Juli 1713 stirbt. Er war ein vortrefflicher Redner und ein beliebter Mann. Von 1676 bis 1695 war Johann Deditius aus Kreuzburg Pastor in Simmenau , der verheiratet war und drei Kinder hatte. 1696 sollte Samuel Schlipalius nach Simmenau berufen werden. Dieser zog es jedoch vor, in Proschlitz zu bleiben. 1688 fiel der ölsnische Teil des Gutes an den Herren von Studnitz . Von 1697 bis 1700 verwaltete das Simmenauer Pfarramt Balthasar Weyditzer, der 1673 zu Kempen in Polen geboren war. Er ging als polnischer Pastor nach Medzibor und von dort nach Domslau. Sein Nachfolger war Gregor Friedrich Spaniel, der von 1700 bis 1708 in

Simmenau amtierte. Er stammte aus Zduny, wo er 1672 das Licht der Welt erblickte. Seine Studien vollendete er in Lissa und in Thorn und ging hernach zur Universität Wittenberg. 1699 kam er nach Simmenau und wurde den 5. Januar 1700 in Bernstadt ordineirt. 1708 ging er in das Pfarramt zu Laskowitz. Seine Frau war Anna Elisabeth Survin. Von ihm sind zwei kleine Schriften bekannt: "Die Auszugpredigt in der Laskowitzer Kirche". Erschienen zu Breslau 1708. Fernerhin: "Eine Anrede eines freudigen Gewissens zu Gott beim Leichenbegängnis Gottfried Fiebigs zu Ohlau". Brieg 1734.

*Auf der Glocke steht Polnisch Würbitz geschrieben
(Oberweiden)*

Evang. Kirche von Oberweiden

Foto: Stawomir Milejski / wikipedia
Würbitz, ursprünglich evangelische heute katholische Fachwerkkirche aus dem 18. Jh.

Wie auch in anderen Gegenden Schlesiens war die politische Zugehörigkeit für die Festigung des lutherischen Glaubens entscheidend. Die Herzöge von Brieg, denen das Kreuzburger Land damals unterstand, galten als eifrige Befürworter der Reformation und setzten sich energisch für die Einführung der neuen Religion ein. Nach dem Aussterben der Brieger Piasten 1672 kam das gesamte Herzogtum unter das Zepter der katholischen Habsburger, wodurch sich die Situation der Andersgläubigen zeitweise verschlechterte. Der protestantische Pfarrer wurde aus Kreuzburg vertrieben und in der Stadtkirche fanden sieben Jahre lang ausschließlich katholische Gottesdienste statt. Schon ein knappes Jahrhundert später räumte der Frieden von Altrandstädt, der 1706 während des Großen Nordischen Krieges geschlossen wurde, der nicht-katholischen Bevölkerung des damals österreichischen Schlesien bestimmte religiöse Freiheiten ein. Unter anderem erhielten sie einige von Katholiken übernommene Gotteshäuser zurück. Erst mit dem Anschluss der größeren Teile der Region an Preußen Mitte des 18. Jahrhunderts wurden aber die Protestanten zu gleichberechtigten Bürgern. Von der Reformation bis 1945 bildete das Kreuzburger Land eine Art evangelische Halbinsel, die im Osten und Süden an die katholischen Kreise Oppeln und Rosenberg und im Norden an das ebenfalls katholische Polen grenzte. Nur im Westen hatte die Gegend einen direkten Anschluss an die protestantischen Gebiete Niederschlesiens.

Evangelisch gleich Deutsch?

In den 1933er Jahren lebten im Kreuzburger Land ca. 33.000 Protestanten und knapp 20.000 Katholiken. Nur drei

Dörfer im gesamten Landkreis hatten damals eine katholische Mehrheit. Eine entscheidende Zäsur bildete für die dortigen Protestanten, ähnlich wie für die gesamte Bevölkerung der Reichsprovinzen östlich der Oder und der Neiße, das Jahr 1945. In folge der von den Siegermächten beschlossenen Aussiedlung der Deutschen sind die Lutheraner im Nordwesten Oberschlesiens zu einer Minderheit geworden. Im sozialistischen Polen waren die verbliebenen einheimischen Einwohner der Kreuzburger Landes in zweierlei Hinsicht verdächtig: Als früherer Reichsbürger und als Angehöriger der evangelischen Kirche. In der Nachkriegszeit galt allgemein das Klischee, dass alle Evangelischen Deutsche oder "verkappte Deutsche" seien. Während im Norden Oberschlesiens diese Überzeugung mehr oder weniger der Wahrheit entsprach, war (und ist) bei den Protestanten im Teschener Schlesien die polnische Gesinnung wohl die dominierende. Da Menschen, die sich als Deutsche fühlten oder für Deutsche gehalten wurden, in der Volksrepublik bekanntlich kein leichtes Leben hatten, beugten sich nicht manche protestantische Familien des Kreuzburger Landes dem staatlichen oder dem gesellschaftlichen Druck und konvertierte zum Katholizismus, "damit die Kinder keine Probleme kriegten", wie man das zu rechtfertigen pflegte. Einen weiteren wichtigen Einschnitt bildeten die 1970er Jahre. Viele Pfarrgemeinden haben bis dahin trotz der Aussiedlungen und der Benachteiligung durch den kommunistischen Staat ein relativ aktives Leben geführt. Nachdem Warschau für einen Milliardenkredit aus Bonn 1975 für eine kurze Zeit das Tor für Ausreisewillige weit geöffnet hatte, verließen zehntausende Oberschlesier die Heimat in Richtung Bundesrepublik. Somit erlebte die protestantische Gemeinschaft des Kreuzburger Landes einen erneuten Aderlass. Die späten 80er Jahre brachten einen weiteren

Exodus, der die evangelische Kirche in ganz Oberschlesien noch einmal geschwächt hat.

Karl XII.,
* 17. Juni / 27. Juni 1682 in Stockholm;
† 30. November / 11. Dezember 1718 bei Fredrikshald
siehe Seite 30

Die Besitzer der Güter wechselten mannigfach, wie es mit den Gütern der ganzen Umgebung in gleicher Weise geschah. Geldnöte, Schulden u. ä. Führten neben Erbschaften dazu. So finden wir im Jahre 1655 als Besitzer Hans Georg Stronski. Im Jahre 1666 ist es Wenzel Baruth. 1675 ist Eigentümer von Steinbach. 1688 hat es Herr von Studnitz. Bei ihm verbleibt es längere Zeit bis zum Jahr 1748, wo Anna Katharina von Prittwitz als Besitzerin zu finden ist, und im Jahr 1733 wird Präsident Hans Georg von Studnitz als Landeshauptmann auf Simmenau genannt. 1766 kauft es Karl Wentzel von Tschepe und 1775 hat es Leutnant von und zu der Thann in Besitz.

Die Zeit der Gegenreformation hatte für die Kirchengemeinde Simmenau eine ganz besondere Wirkung. Simmenau lag innerhalb des Konstadter Ländchens in einer Enklave, in der unter der Herrschaft der Oelser Fürsten der protestantische Glaube gesichert war. Dies war in den angrenzenden Landesteilen wohl bekannt. So hielten sich die Evangelischen von weither zur Simmenauer Kirche.

Simmenauer Kirche

Insbesondere kamen die Gläubigen zu der Feier des heiligen Abendmahls dorthin. Nach den Kirchenbüchern kamen Personen aus folgenden Ortschaften nach Simmenau: Belmsdorf und Buchelsdorf Kreis Namslau, Droschkau in Polen, Giesdorf und Glausche Kreis Namslau, Storzelletz in Polen, Grambschütz, Groß Deutschen, Heinersdorf, Kempen, Klein Deutschen, Laski, Lorzendorf, Noldau, Pietrusky, Pulkowky, Reichen, Steinersdorf, Strenzendorf, Strenze, Strehlitz und Storschau.

Als Karl XII. von Schweden den Kaiser Josef I. Durch seinen genialen Diplomaten Johann Otto Freuherrn von Strehlenheim 1707 in der Altranstädter Konvention gezwungen hatte, die contra pacem Westphalicam weggenommenen Kirchen den Evangelischen wieder zurückzuerstatten, änderte sich allmählich dieser Zustand.

Vom Jahre 1708 amtierte in Simmenau als Pfarrer Georg Nieronik, der aber nur ein halbes Jahr da war und dann nach Golkowitz ging. Ihm folgte von 1708 bis 1709 Christoph Eiswagen, der gleichfalls nur ein halbes Jahr amtierte und nach Pontwitz ging. Von 1709 bis 1712 amtierte Johann Benjamin Schupelius, der nach Prietzen ging. 1712 bis 1726 verwaltete das Amt Christian Wilhelm Henrici aus Bernstadt und ging von hier nach Konstadt. Ihm folgte von 1726 bis 1733 Georg Sorger, der als Pastor nach Medzibor geht. Über die Sprache der Simmenauer Bevölkerung sei folgendes gesagt. Die zugezogenen deutschen Siedler haben aus ihrer Heimat zunächst die deutsche Sprache mitgebracht. Sie wurden aber in eine völlig slawische Umgebung hineingestellt. Sie waren auch genötigt mit der polnischen Bevölkerung Handel zu pflegen. Die Handelssprache an der polnischen Grenze war das polnische. So mussten die Siedler, ob sie wollten oder nicht, polnisch lernen und sprechen. Dass der Deutsche in seiner anderssprachigen Umgebung seine Muttersprache schneller verliert als andere Völker, ist eine leider allzu bekannte Tatsache. Es ging mit den deutschen Siedlern soweit, das sie oft genug ihren deutschen Namen slawisierten. Mancher gut deutsche alte Name bekam eine polnische Färbung und Abänderung und wenn in der Gegenwart die Ahnenforschung die Herkunft der Namen sich aufzustellen bemüht, so stellt sich oft genug heraus, dass viele polnisch klingende Namen nichts anderes als abgeänderte deutsche Namen sind und sich als solche erweisen können. (in einer anderen Quelle heißt es zur Sprache kurz und knapp: Im evangelischen Kreise Kreuzburg hatte die deutsche Sprache1905 erst in dem westlichen Dorf Simmenau Fuß gefasst, 1910 auch schon in Bankau und Schoenwald bei Kreuzburg und in zahlreichen starken Minderheiten in allen Teilen des Kreises. Zu vollem Durchbruch kam sie nach dem aufrüttelnden Erlebnis der Abstimmung von 1921.)

Joseph I.,

Römischer Kaiser

(Kupferstich, 1705)

Kirche in Jerolschütz

Inschrift aus der Kirche in Jerolschütz:

Steh stille Wanderer bewundere mit uns die Verdienste bedaure den unersetzlichen Verlust eines Gelehrten Polici. Christlichen Patrioeten und redlichen Vaters des Wrye Hochwohl gebohrnen Ritters und Herren Herrn Hannß George von Stundnitz und Jerolschütz Erbherrns auf Simmenau und Jerolschütz Hochfürste Würtenberg, Ölß Bernstädtischen Landes.

Hauptmannes Regierungsrathes und Consistorius Prafidis Welcher den 28. Sept. 1666 gebohren nach wohl Absolvirten Studius auch flügen und gelehrten Reisen sich Ao 1692 den 28 Oct mit der Weye.

Hochwohlgebohrnen Frauen Fr. Anna Elisabeth verwittibten Von Dzembowsky gebohrnen von Tschammer glücklich vermählte Deren Ao 1707 den 22. Dez. erlittenen Verlust durch die Ehe Verbindung mit der damahls Hochwohlgebohrnen Frl.

Frl Anna Helena von Brutschreiber Ao 1709, den 30. Jan. Vergtmgl erschle und Ao 1733 den 16. Nov.

Nach vielen schmerzhafften Zufällen zum Leydwesen seines Fürsten gesamten Landes seiner Gemahlin fünf Söhnen Einer Tochter und neunzehn Enckel Seelig entschlaffen.

Nun beurtheile selbsten den Verlust und gehe Heim

Friedrich II. oder Friedrich der Große
(* 24. Januar 1712 in Berlin; † 17. August 1786 in Potsdam)

Der Name des Ortes Simmenau erscheint in mancherlei Form. So wird der Ortsname in der Aussetzungsurkunde Semyanowo geschrieben und erscheint als slawisch. Später kommt auch die Form Semenaw vor, und in den letzten Jahrhunderten Simmenau. Es ist schwer zu sagen, womit dieser Name in Zusammenhang gebracht werden könnte. Es ist nicht unmöglich, dass bereits in slawischer Zeit die Stelle des Ortes jenen Namen trug und er in die neuere Namensgebung übernommen worden ist. Irgendeine sagenhafte Entstehung des Namens ist gleichfalls nicht bekannt.

1742 ist für ein Jahr Pastor Littmann da, der nach Laskowitz geht. Von 1743 bis 1756 hat das Amt Johann Gottlos Kleiner und ihm folgt von 1756 bis 1766 Johann Wenzel Sassadius, der von hier nach Wartenberg geht. Die Zeit von 1740 bis 1763 ist eine solche, die für die ganze Provinz Schlesien einen politischen Umschwung brachte, wie er in seinen Auswirkungen größer bisher noch nicht da gewesen ist. Friedrich der Große marschiert in Schlesien ein und erobert dieses Land. Die von der Gegenreformation schwer bedrückten Evangelischen begrüßen ihn als Retter. Der damalige Besitzer mehrerer Güter im Konstädter Ländchen, Herr von Posadowski, ist der erste preußische Offizier, die die schlesisch-brandenburgische Grenze mit preußischen Truppen überschreitet und gegen Breslau vordringt. Freilich haben die drei schlesischen Kriege der Bevölkerung viele Lasten und Opfer auferlegt, und als der Friede zu Hubertusburg geschlossen wurde, da atmete die gesamte Bevölkerung auf. Wusste man doch schon nicht mehr, wie man die unerhört hohen Kriegslasten leisten sollte und das Kriegsamt der friderizianischen Armee befriedigen sollte. Im zweiten schlesischen Krieg kam die Kriegsfurie dem hiesigen Teil der schlesischen Heimat erheblich näher als im ersten. Ungarische Truppen versuchten von Pleß her in die Provinz einzufallen und auf Namslau vorzudringen. Nach einem Gefecht bei Konstadt und Würbitz, in dem sie zwar zurückgeschlagen wurden, stießen sie erneut vor und zogen dann bis Namslau. Simmenau hat damals gewisslich nur den Durchgang feindlicher Truppen erlebt. Da aber ein solcher immer mit Plünderungen und Räubereien verbunden war, ist dies nicht angenehmes gewesen.schlimmer wurde es im siebenjährigen Krieg. Das Jahr 1761 war für die hiesige Gegend ein Jahr des Schreckens. In diesem Jahr war die russische Armee unter Feldmarschall Buturlin bei Wartenberg in Schlesien eingefallen. Eine besondere Kolonne derselben unter dem Kommando von Tschernischew war bis nach Namslau vorgerückt. Die Kosaken, die allseitig gefürchtet waren, kamen in kleinen Trupps von Namslau aus und durchstreiften wiederholt die Gegend, um zu plündern und zu brandschatzen. Die Bewohner hatten vor ihnen einen großen Schrecken. Freilich waren es nur abgekommene Marodeure, von denen auch Feldmarschall Buturlin nichts wissen wollte. Deswegen war es der Bevölkerung erlaubt sich gegen sie mit allen Waffen zu wehren. Jeder bewaffnete sich mir irgendwelchen Dingen, die zur Verteidigung geeignet erschienen. Sensen, Mistgabeln, Äxte; Prügel oder anderes wurde genommen. Die Straßen wurden versperrt und Aussichtspunkte ausgewählt, um rechtzeitig das Herannahen solcher Trupps beobachten zu können. Von dem Sonntag Dom. XI. p. Trin. Des Jahres 1761 heißt es im Simmenauer Kirchenbuch, dass die Unruhen wegen der russischen Truppen so groß gewesen seien, dass der Gottesdienst in der Kirche nicht hat gehalten werden können. Der polnische Gottesdienst wurde im herrschaftlichen Hofe ölsnischen Anteils, der deutsche aber in Zimmern gehalten. Es ist hierbei anzunehmen, dass man während der Gottesdienste Wachen ausgestellt hatte, um die Gottesdienste zu schützen. Im allgemeinen hielt man es gegenüber der Russengefahr auf den Dörfern so, dass der Dominalhof immer verschlossen gehalten wurde und sich auf den herrschaftlichen Wohnhäusern beständig ein Wächter der durch einen Flintenschuss andeuten musste, dass Gefahr nahte. Auf dieses Signal hin ertönte dann die Kirchenglocke als Sturmsignal und ein jeder eilte zu dem Sammelplatz, von wo aus die Verteidigung organisiert wurde. Gern gingen die Kosaken darauf aus, Lebensmittel und Vieh zu rauben. Kamen sie zu kleinen Abteilungen, so wurden sie von den Dorfbewohnern gewöhnlich verjagt. Kamen sie jedoch zu größeren Trupps, dann wagte die Dorfbevölkerung nicht gegen sie aufzutreten. In solchen Fällen zogen sich die Bauern mit ihren Angehörigen und dem Vieh in die nächsten Wälder zurück und versteckten sich dort so gut, wie es eben ging. Doch spürten ihnen die Kosaken auch dorthin nach, um ihnen die Habe abzunehmen. Freilich ist mancher Kosak in dem sumpfigen Gelände bei solcher Nachspürung umgekommen. Als die Streifen immer häufiger wurden und eine feste Lebensbedrohung darstellten, zogen die Besitzer der Dominien vor, in die nächst gelegenen Städte sich einzuquartieren, weil sie dort geschützter waren. Ins besonders war das umwehrte Pitschen ein beliebter Ort für die Dominialbesitzer, weil sie sich dort am besten gedeckt wähnten. Als eine Abteilung der Burtulischen Armee nach Wielun in Polen gelegt wurde, entstand ein ständiger Durchgangsverkehr von Wartenberg und Namslau nach Wilun, der sich durch das Simmenauer Gebiet zog. Die regulären russischen Truppen nahmen Wagen, Vieh, Futter und Pferde in ungeheurem Maße in Anspruch. Wenn sie ihre Transporte auf Kosten der Dorfbewohner ausgerüstet hatten, nahmen sie alles mit sich und schickten nur die

Knechte zu Fuß in ihre Dörfer zurück. Am 3. August des Jahres traf die Nachricht ein, dass die russische Armee von Namslau abgezogen sei und nach Breslau marschiert sei. Das Dorf atmete auf. Das Schlimmste jedoch war, dass man fast den größten Teil der Ernte als verloren rechnen musste, weil der Russeneinfall mitten in die Erntezeit hineingekommen war. Der Ertrag der Ernte war ein geradezu erbärmlicher. Die Kommandos der Kosaken und der übrigen russischen Truppen hatten sich nicht an die rechten Wege gehalten, sondern waren mitten durch die Felder marschiert, indem sie rücksichtslos die Früchte niedertraten. Man versuchte sich gegenseitig zu helfen und von den erlittenen Drangsalen zu erholen. Doch hatte man in den Scheunen kaum soviel als eine Nachlese betrug. Damit war aber noch lange nicht das Ende der Kriegsschrecken gekommen. Vielmehr fingen wieder die Nachlieferungen für die Preußische Armee an. Die Königliche Kammer nahm unerbittlich weg, was der Feind noch irgend gelassen hatte. Die Lieferungen wurden geradezu unerschwinglich. Wer aber nicht lieferte, wurde mit den schwersten Bestrafungen bedroht. Die Kontribution, die jetzt erfolgte, machte soviel aus wie sonst eine neunjährige Steuer. Die Bauern waren kaum in der Lage, irgendwas zu liefern. Der größte Teil blieb somit auf den Dominien haften. Das Jahr 1762 war nicht anders. Auch hier blieben unerschwingliche Forderungen der Königlichen Kammer zu befriedigen. Die meisten Stände konnten einfach nichts mehr aufbringen. In dieser Lage wurden sogenannte Entrepreneurs engagiert. Diese mussten die Lieferungen besorgen und die Beträge für die Lieferungen wurden auf die Dominien eingetragen. Schließlich sollten die Reste derer, die nicht liefern konnten, auf diejenigen übertragen werden, die ihre Lieferungen erfüllt hatten. Zu den Gütern, die ihre Leistungen erfüllt hatten, wenn diese auch mühselig

geschah, gehörte auch Simmenau. Auf welche Weise Lieferungen von Beitragspflichtigen eingezogen werden sollten, geht aus folgendem Execuoriale hervor: "Die Gardes di Corps haben die Dörfer zu bereiten und zu visitieren, ob noch was in den Scheunen ist. Ist noch was darinne, so muß alles ausgedroschen werden und geliefert. Jedes Dorf gibt an Exkutionsgebühren einem Unteroffizier baar 8gGr und fürs Essen, Trinken 8gGr. 12gGr. vor die Ration, in Summa täglich 1 Thaler 4gGr. Vor die Ration 12gGr. in Summa 20 gGr. Sobald sie den Schein weisen, das sie abgeliefert haben, so muss er nichts mehr nehmen, sonst aber geht keine Exekution ab, bis sie von mir einen Schein bekommen. Bernstadt, den 17. Januar 1763.
Auf Spezial Befehl des Königs
Gez. Schwerin.

Königlich Preussische Regiment Garde di Corps

Evangelische Kirche "St. Nikolaus"
und Stadtmauer in Pitschen

Der Friede zu Hubertusburg machte den fürchterlichen Kriegsdrangsalen, die immer unerträglicher zu werden drohten, ein Ende. In allen Kirchen wurden Friedensfeiern gehalten und die Provinz gab in mancherlei Kundgebungen Ausdruck dafür, wie sehr man über den Frieden und das Verbleiben bei Preußen erfreut war. Eines aber war unter den Kriegsfolgen höchst unangenehm bemerkbar und für viele schwerer als die Kriegsleiden, das war die Verschlechterung des Geldes. Die Münze gehörte einem Jude. Dieser hatte anstelle der Gold- und Silbermünzen solche aus immer schlechter werdendem Metall herstellen lassen, deren Wert daher in ständigem Sinken begriffen war. Dieses Verfahren erinnerte außerordentlich an die Zeit der Inflation, die wir nach dem Weltkrieg von 1914 bis 1918 erlebt haben. Trotz der Verschlechterung des Geldes ließ aber der König die Anrechnung dieser schlechten Münzen mit dem gleichen Wert erfolgen, als ihn die früheren guten Gold- und Silbermünzen hatten. Dadurch verloren sehr viele unermessliche Werte. Ein weiterer Schlag, der eintrat, war die Geldreduktion, die der König durchführen ließ, indem er neue hochwertige Münzen herstellen ließ und nunmehr die alten im Werte nach einem bestimmten Fuß herabsetzte. Trotz aller dieser Schläge aber setzte sich doch die segenreiche Friedensarbeit des großen Königs durch und wurde mehr und mehr auch in Simmenau spürbar.

Langsam und allmählich entwickelte sich auch das Schulwesen auf dem Lande zu stärkerer Selbständigkeit. Die Ursprünge des Schulwesens ergaben sich bei den Küsterschulen, wie Simmenau eine solche aufweist, aus folgender Entwicklung. Bei dem Bau einer Kirche erhielt der dort amtierende Pfarrer eine Hilfskraft zugewiesen, einen Küsterkleriker. Dieser Hilfskraft hatte der Pfarrer von seinem Nutzungsland einen Teil zur Nutzung für den

Küsterkleriker abzugeben . Die Gemeinde errichtete gewöhnlich noch ein kleines Wohnhaus . Der Küsterkleriker vertrat den Pfarrer an den Tagen, wo es notwendig war. Er war auch beauftragt, geeigneten Knaben den Unterricht im Lateinischen zu geben, damit für den Nachwuchs im Pfarrerstand gesorgt wurde . Nach der Reformation wurde dieser Unterricht ein klein wenig ausgedehnt . Später nahmen sich die einzelnen Landesfürsten des Unterrichts der Kinder ihrer Untertanen durch die Küster an. Dies gelang auf dem Lande sehr schwer, da die Bauern den Wert des Schulunterrichtes nicht einsahen und ihre Kinder in der Haus- und Feldwirtschaft benötigten . Die Landesfürsten schufen besondere Kirchen und Schulordnungen. Eine solche war auch für das Fürstentum Oels aufgestellt worden, wie bereits oben erwähnt worden ist. Auch die Patrone wandten ihre Aufmerksamkeit dem Schulunterricht zu, der allmählich etwas mehr ausgebaut wurde . 1710 wird als Organist und Schulhalter Christoph Mücke genannt . Erst nachdem Schlesien von dem großen Friedrich endgültig in Besitz genommen worden war und sich der König dem inneren Ausbau des eroberten Landesteiles widmen konnte, nahm das Schulwesen einen stärkeren Aufschwung . Gewisslich war die Bildung der Küster, die an Kirchorten auch weiterhin des Doppelamtes walten mussten, nicht sehr groß. Auch musste der Unterricht wegen der Feldarbeit noch zu sehr ungünstigen Stunden gegeben werden . Aber es ist gerade in dieser Zeit ein großer Fortschritt zu verzeichnen . Der Schulhalter war Kirchenbeamter und seine Wahl stand daher dem Patron der Kirche zu. Simmenau hatte ein doppeltes Patronat, solange das Gut in zwei Teile, den Oelsnischen und den Brieger Anteil, zerfiel. In den Jahren mit ungeraden Zahlen wurde das Wahlrecht von dem Besitzer des Oelsnischen Anteils ausgeübt und in den Jahren mit geraden Zahlen von dem Besitzer des Brieger

Anteils. Da 1795 beide Anteile miteinander vereinigt wurden, besaß der eine Patron das alleinige Wahlrecht.

Das Gehalt des Schulhalters und Organisten in Simmenau bestand aus verschiedenen Anteilen. Zunächst hatte er die Wohnung im Schulhause und die Nutzung des zugehörigen Ackers. Dann aber fielen ihm noch andere Einkünfte zu. Verschiedene Naturalien, deren Art bei jedesmaliger Neubesetzung der Stelle auch neu geregelt wurden. Die Besitzer hatten ein besonderes Schulgeld zu leisten. Brennholz und Kirchenakzidentien traten hinzu. Mancher Organist war auch Gerichtsschreiber und bekam von dort einige Einkünfte. Das gesamte Einkommen aber wurde als etwas einheitliches für den Organisten und Schulstelle angesehen. Mit der Einsetzung der Schulvorstände änderte sich das Verhältnis der Schule zur Kirche wesentlich, indem die Schule in der Schulgemeinde eine besondere Körperschaft wurde, die nunmehr eigenes Vermögen erwerben konnte. Das Amt des Organisten wurde ein sogenannt verbundenes d.h. man unterschied zwischen dem Kirchenamt und dem Schulamt, wenngleich man es immer noch als "verbunden" ansah. Doch macht sich die Schule auf diesem Wege von der Kirche, die ursprünglich als die Mutter der Schule anzusehen ist, selbständig. Der Organist hatte in früheren Jahren zur Unterstützung einen Ajuvanten. Aus dieser Hilfskraft entwickelte sich langsam die zweite Lehrkraft und weitere Stellen wurden angegliedert. Der Schulbetrieb in den Landschulen hatte etwa folgenden Lauf: der Schulhalter musste täglich etwa 5 Stunden Schule halten, Mittwoch und Sonnabends aber 3 Stunden vormittags. Im Sommer begann die Schule um 7 Uhr vormittags bis um 10 Uhr, im Winter begann sie um 8 Uhr vormittags dauerte bis 11 Uhr. Nachmittags währte sie im Winter und Sommer von 12 bis 2 Uhr. Die sogenannten

Hütekinder sollten im Sommer von 12 bis 2 Uhr zur Schule gehen, fehlten aber sehr häufig. Die Kinder wurden in mehreren Abteilungen unterrichtet. Dem Unterricht wurde der schlesische Landschulkatechismus in Tabellen, Hübner Biblische Geschichte und der Katechismus Martin Luthers zugrunde gelegt. Der Katechismus wurde den Kindern ehemals in polnischer Sprache beigebracht. Als Lesebücher waren eingeführt die Bibel, das Gesangbuch und der Katechismus. Die Kinder mussten wechselseitig deutsch und polnisch lesen. Zum auswendig buchstabieren wurden ihnen deutsche und polnische Wörter vorgesagt. In die Schreibebücher und Tafeln wurden deutsche und polnische Substantiva vorgeschrieben und durch solches Vorschreiben und lautes her Buchstabieren polnischer und deutscher Substantive bekommen die Kinder eine Menge deutscher Wörter von Dingen des alltäglichen Lebens ins Gedächtnis. Von Schulstrafen ist das Heruntersetzen und wegen Leichtfertigkeit die Rute eingeführt. Im Jahre 1801 erschien das Schulreglement für die niederen Schulen in den Städten und auf dem platten Lande von Schlesien und der Grafschaft Glatz. In dem gleichen Jahr gab das königliche Preußische Evangelische Schulen Departement eine Proclama wegen fleißigen Schulbesuchs heraus. Schließlich wurden auch die genauen Schultabellen eingeführt.

Der Bayrische Erbfolgekrieg hatte für das Dorf keine anderen Auswirkungen, als dass eine größere Anzahl Transportfuhren zu leisten waren. Dies war gegenüber den schlesischen Kriegen nur etwas ganz geringfügiges. Als Preußen durch die zweite Teilung Polens ein Stück von Polen nämlich Südpreußen erlangt hatte, waren wiederum eine ganze Anzahl von Fuhren zu leisten, die aber auch nicht wesentlich gegenüber den früheren Kriegsleistungen ins Gewicht fielen.

Die Jahre des letzten Jahrzehntes des achtzehnten Jahrhunderts waren mit mannigfaltigen Schwierigkeiten in der Feldbestellung verknüpft. Es gab eine ganze Reihe sehr misslicher Ernten und die Bauern waren genötigt einen großen Teil ihres Viehes zu verkaufen, da sie es vor Futtermangel nicht erhalten konnten. Die Witterung war sehr ungünstig, da oft ein später Frühling und ein zeitiger Winter eintrat, der es nicht mehr erlaubte, dass man die spärlichen Früchte vom Feld holen konnte.

Das neunzehnte Jahrhundert brachte in seinem ersten Jahrzehnt die schwere Niederlage, die Preußen unter dem Zusammenbruch seiner Armee bei Jena und Auerstädt erlebte. Es dauerte nicht lange, da rückten die französischen Truppen in Schlesien ein, um die Belagerung der besetzten Festungen vorzunehmen und Requisitionen für das Heer durchzuführen. Der Kreis hatte schwer unter der Besatzung zu leiden. Die drei Teile des Kreises wurden mit den einzelnen Bataillonen des französischen 34. Infanterieregiments belegt. Es war ausgerechnet das Regiment, das sich rühmte, das erste Gefecht mit den preußischen Truppen bei Saalfeld gewonnen zu haben, wo in einem Vorhutgefecht der Prinz Louis Ferdinand gefallen war, Preußens Liebling. Die Besatzung dauerte vom 20. August 1807 bis zum 21 Oktober. Das Konstädter Ländchen war von dem 1. Bataillon belegt. Der Stab lag in der Stadt und die Kompanien waren auf die Dörfer verteilt. Wie hoch sich die Belegung des Dorfes Simmenau belief, ist nicht mehr feststellbar. Bekannt ist nur, dass sich unter den französischen Truppen auch Neger befanden. Nach dem 21. Oktober wurde die Truppenzahl erheblich verringert. Die letzten Truppen zogen jedoch erst im Juni 1808 in das Lager bei Groß Wartenberg ab. Außer der Verpflegung der einquartierten Truppen hatten die Bauern aber auch noch

Lieferungen an die bayrischen Truppen auszuführen, die sich in einem Lager bei Breslau befanden. Die Lieferungen an verschiedenartigsten Lebensmitteln dorthin waren sehr hoch und mussten bis Schmiedefeld bei Breslau gefahren werden. Die auferlegte Last war so gewaltig, dass der Kreis bald nicht mehr imstande war, alles zu leisten. Trotzdem bestand der französische Befehlshaber, General Vandamme, hartnäckig auf die Lieferungen. Die folgenden Jahre waren wiederum äußerst schwierig. Insbesondere war das Jahr 1811 eines der trübsten. Die Dürre führte schließlich zu einer anhaltenden Hungersnot. Mit Eicheln, Baumrinde und Unkraut musste das einfache Volk sein Leben fristen und mannigfache Krankheiten hausten unter der Bevölkerung.

FRIEDRICH DER GROSSE UND SEINE ZEIT

Im Jahre 1766 war auf den Pastor Sassadius der Pastor Paul Kischa gefolgt, der aus dem Gebiet von Teschen herübergekommen war. Er war zunächst Diakonus von Konstadt, dann von 1755 bis 1766 Pastor in Reinersdorf und danach trat er das Amt in Konstadt an. Ihm folgte im Jahre 1773 Carl Friedrich Webski. Er stammte aus Oels, wurde nach Simmenau 1773 berufen und amtierte hier eine Reihe von Jahren, bis er im Jahre 1802 hierselbst starb. Im Jahr 1802 folgt ihm nun eine Persönlichkeit, die aus einem tüchtigen Geschlecht stammte und später eine umfangreiche, vielfältige und segensreiche Tätigkeit entfaltet hat. Es war George Carl Gottlob Prusse. Sein Vater war ehemals Feldprediger in der Armee Friedrichs des Großen. In der Schlacht bei Prag, als die preußischen Linien ins wanken gekommen waren, griff der Feldprediger an seiner Stelle, an der die Truppen zurück gedrängt worden waren, in die Schlacht ein, feuerte die Truppen lebhaft an und riss sie wieder vorwärts. Da der Kommandeur und ebenso der einzige außer jenem bei dieser Truppenabteilung noch anwesende Offizier vom Pferde geschossen worden war, setzte sich Prusse mit dem Rufe: "Brüder, wer's mit seinem König treu meint, mir nach in Gottes Namen!" vor die Front. Die Truppen folgten dem Rufe und das Gefecht wurde unter dem Kommando des Feldpredigers gewonnen. Am anderen Tag ließ ihn der König rufen, sah ihn erst streng an und sprach die Worte: "Feldprediger, was seines Amtes nicht ist, da lass er künftig seinen Fürwitz bleiben. Übrigens die beste Stelle in Schlesien ist seine." Infolgedessen bekam Prusse das damals ausgezeichnete Seniorat zu Trebnitz durch ein Dekret des Ministers von Zedlitz zum Lohn für seine treuen Dienste. Der Sohn ging zuerst auf das Elisabethgymnasium in Breslau und nach des Vaters Tode auf das Gymnasium zu Oels. Dann studierte er in Halle von 1797 bis 1799 und war Hauslehrer bei Herrn von Spiegel in Gr. Schweinern, heute Blumenau. Seine Frau war Justine Christiane Schellenberg aus Kl. Schmalkalden in Hessen. Sie stammte aus einer Familie, die ihren Stammbaum aus einer Linie bis auf den Reformator Dr. Martin Luther zurückführte. Prusse war ein glänzender Prediger und hatte große Gaben. Er unterstützte viele arme, schwache und kranke Leute. Doch hatte er ein heftiges Temperament. Wegen seiner Fähigkeiten wurde er nach Konstadt berufen, wo er eine ganze Reihe von Jahren das Seniorat bekleidete. Im Jahre 1810 kam als Pastor Johann Christoph Rüdenburg nach Simmenau, der bis 1827 hier verblieb. Rüdenburg war ein sehr beliebter Prediger. Die Simmenauer Kirche hatte für die ganze Umgebung eine besondere Bedeutung. Allenthalben wurde damals auf dem Lande der Gottesdienst noch in der polnischen Sprache gehalten. Nur in Simmenau fand der Gottesdienst sonntäglich in deutscher Sprache statt. Infolge dessen zogen sich die Deutschen der anderen Orte gern nach Simmenau zum Gottesdienst und Simmenau wurde ein kleines Zentrum der Germanisierung auf friedlichste Art.

In jene Zeit fielen auch die Ereignisse, die für jede preußische Gemeinde aufrütteld waren. 1812 hatte Napoleon seinen Zug nach Russland organisiert, um bis Moskau vorzustoßen. Bekanntlich ist jenes Unternehmen grauenhaft misslungen. Die Naturerscheinungen einer gewaltigen Kälte, auf die die napoleonische Armee nicht vorbereitet war, zerschlug die größte und gewaltigste Armee, die bis dahin die Welt gesehen hatte. Das Unerhörte jenes Ereignisses betrachteten die Menschen besonders der von Napoleon unterdrückten Staaten als ein Eingreifen Gottes. Man schloss weiter, dass Gott selbst das Zeichen hiermit gegeben habe, damit diese Völker sich von jener Knechtschaft frei machen sollten. Teile der Napoleonischen

Armee waren auf dem Rückzug von Moskau nach Süden abgekommen und durchzogen in kleinen Trupps die Dörfer und Städte des Kreises Kreuzburg. Es waren Angehörige der württembergischen Truppen, die in einem Verbande die als Verbündete Napoleons Hilfsdienste geleistet hatten. Überall sanken die Ermatteten in sich zusammen und erfroren. Namenlos und unbekannt wurden sie von den Einwohnern verscharrt, die vor dem Gottesgericht erschauderten, aber durchaus die Größe des Unglücks der französischen Armee erkannten. Denn die Nachrichten davon waren auf direktem Weg sehr spärlich in die Ortschaften gekommen.

Napoleon bei einer Schlacht

Da Nachrichten vorhanden sind, wonach solche versprengte Reste die Straße Simmenau - Konstadt benutzt haben, so kann man mit Gewissheit annehmen, dass Simmenau dieses Schauspiel der zurückkehrenden Reste des Heeres wiederholt vor Augen gehabt hat. Ein neuer Lebensmut und Kampfeseifer erwachte, als der König Friedrich Wilhelm III. Am 3. Februar 1813 jenen denkwürdigen Aufruf "an mein Volk" erließ und am 17. März 1813 alle waffenfähigen Mannschaften zum Kampf für das Vaterland aufrief. Die Formierung der Landwehr begann und Freiwilligenverbände bildeten sich. Alle Mannschaften von 17. bis zum 40. Lebensjahr mussten zur Gestellung erscheinen. Die einzelnen Gemeinden waren beauftragt, für die Bekleidung und Verpflegung zu sorgen. Pferde und Geschirre waren zu beschaffen. Die Gemeinden kamen aus schweren Lasten nicht heraus. Wenn man noch bedenkt, dass die Jahre 1810 bis 1820 meistens Jahre schlechtester Ernten waren, die Landleute um die Erhaltung ihres Viehes wegen des Futtermangels bangten und die Schulden der Napolionischen Zeit noch in vollem Umfang auf den Besitzern lasteten, so kann man sich erst vorstellen, welche ungeheuren Anstrengungen gemacht wurden, um die Befreiung des Vaterlandes zu erreichen. Es wurde alles getan, was nur getan werden konnte. Die Großgrundbesitzer suchten alle Waffen, die sie hatten heraus, um die Landwehr zu bewaffnen. Da aber die Waffen der Besitzer nicht einheitlich waren, so war die gesamte Bewaffnung der Landwehr recht verschiedenartig. Man muss mit aller größter Verwunderung von den Leistungen der Landwehr gegenüber dem ausgezeichnet ausgerüsteten Heer Napoleons sprechen, zumal letztere unversehrte Truppenteile in sich hatten, die der Zerstörung in Russland entgangen waren und die durch Kämpfe auf den verschiedenartigsten Kriegsschauplätzen hervorragend kampfgeschult waren. Es ist bekannt, dass neben den Pflichtleistungen der Gemeinden noch viele persönliche

Opfer auf dem Altar des Vaterlandes geleistet wurden. Es gab im Kreise Kreuzburg kaum einen Gutsbesitzer, der nicht das äußerste getan hätte, um dem Vaterlande in seiner tiefsten Not zu helfen und alles herzugeben, damit die Freiheit errungen werden konnte. Die Pfarrer der einzelnen Gemeinden standen in der Erweckung der Vaterlandsbegeisterung an erster Stell. Neben ihnen standen die Lehrer der Ortschaften, die sich an Vaterlandsliebe nicht übertreffen ließen. Die Kriegserklärung an Napoleon erfolgte am 16. März 1812. Zur Formierung der Landwehr wurde für den Kreis Kreuzburg ein Ausschuss gebildet. Als die Landwehr sich einigermaßen gesammelt hatte, marschierte sie im Juni nach Neiße ab. Sie bestand aus drei Kompanien und einer Schwadron Kavallerie. Die Offiziere der Landwehr hatten keine andere Vorbildung als die, dass sie ein wenig lesen und schreiben konnten. Auf diese Art konnte es vorkommen, das ein Leutnant bei der Landwehr einrückte, der vorher Schneider gewesen war und es im Laufe des Feldzuges bis zum Major brachte. Zum Schutze des inneren Landes wurde noch im Laufe des Monat Mai zur Bildung eines Landsturms geschritten, wozu man sämtliche Mannschaften vom 15. bis zum 60. Lebensjahr heranzog. Jeder konnte sich selbst bewaffnen. Nur wurde darauf Wert gelegt, dass ein jeder auch die Handhabung der Waffe, die er hatte, verstand. Der Landsturm exerzierte nun recht eifrig. Doch ist es nicht dazu gekommen, dass der Landsturm im verlauf des Feldzuges in die Operationen einzugreifen brauchte. Schließlich wurde auch noch eine Reservelandwehr gebildet, zu der man Mannschaften vom 17. bis 42. Lebensjahr aushob. Wer nicht direkt bei der Truppe mitwirkte, hatte irgendeinen anderen Dienst zu verrichten, sodass jeder Dorfbewohner mittelbar oder unmittelbar in die Kriegsverhältnisse verwickelt war. Doch tat es jeder gern. Wenn es für die Truppen des eigenen

Landes sein sollte, so übernahmen die Dorfbewohner die schweren Pflichten ohne Murren. Anders war es jedoch wenn die russischen Hilfstruppen durchzogen. Denn diese benahmen sich in dem preußischen Gebiet genau so, als ob sie in dem Lande des Feindes waren. Und es bedurfte vieler Eingriffe besonnener Personen, um alle Reibungen zu überwinden. Das Kgl. Preußische Fuhrwesen erforderte gleichfalls eine Anzahl Personen, die dort tätig waren. Auch zu Schanzen arbeiten und zur Wiederherstellung beschädigter Dämme und Felder bei Tschöplowitz und Brieg mussten Hilfskräfte gestellt werden, die bis zum Oktober des Jahres dort beschäftigt waren. Fuhren nach Oppeln, Brieg und Gr. Wartenberg waren in größerer Zahl zu stellen. Es würde zu weit führen, sollten hier alle Leistungen aufgeführt werden, die von Gemeinden geleistet werden mussten. Es ist bewundernswert, dass alles so getan werden konnte. Die Landwehr des Kreuzburger Kreises focht an verschiedenen Stellen der Kriegsschauplätze in den Freiheitskriegen. So in den Schlachten von Görschen und Bautzen, bei Kullm und Nollendorf, bei Wittenberg, Dresden, Prag, Lüneburg, Glogau und Frankreich. Eine jede Gemeinde brachte ein besonderes Opfer an Menschen auf dem heiligen Altar des Vaterlandes. Aus der Gemeinde Simmenau fielen Johann Bieneck, Christian Menzel, Friedrich Prätz und Johann Opatz. Die Kriege und Besetzungen der Dörfer und Gemeinden hatten zur Folge, dass der Fiedensschutz innig herbeigesehnt wurde und ein jeder froh war, als endlich im Jahre 1816 das Friedensfest gefeiert werden konnte. Es galt nunmehr, die zahllosen Schäden der Kriege zu beseitigen und eine Wiederaufbauarbeit zu leisten, die bei der großen Verschuldung nicht so ganz einfach war. Jedoch war die Dorfgemeinschaft herzlich erfreut, das der Feind in dem Land geschlagen war.

Friedrich Wilhelm III.
(* 3. August 1770 in Potsdam; † 7. Juni 1840 in Berlin) aus dem Haus Hohenzollern war seit 1797 König von Preußen und Kurfürst von Brandenburg.
Sohn von Fr. Wilh. II. *siehe Seite 51*

Im Juni des Jahres 1818 wurde durch den Superintendenten Holen aus Tschöplowitz bei Brieg eine Kirchenvisitation abgehalten, bei der auch die Schule einer eingehenden Besichtigung unterzogen wurde. Für die Gemeinde wesentlich war auch der Streit, der sich um die Zugehörigkeit des Kreises Kreuzburg zu Oberschlesien oder Niederschlesien entwickelte. Es soll hier nicht dieser Streit mit allen Einzelheiten entwickelt werden. Man kann die Besonderheiten im Band 4 dieser Heimatbeilage nachlesen, wie sie dort in dem Artikel von Dr. Menz "Wie der Kreis Kreuzburg zu Oberschlesien kam" dargestellt sind. Interessant blieb nur dies, dass die Bewohner des Kreises unter keinen Umständen zu Oberschlesien kommen wollten und sich auch nie richtig zu Oberschlesien gehörig haben.

44) die Ratsherren haben für 5 Mark in Dienst genommen Zigelstreicher Michel von Namslau, dass er uns vor dem Dorf (Nieder) Ellgut soll einen Ziegelofen setzen so hoch und breit und dick, wie der kleine Ofen von Namslau gebaut ist; der Meister ist schon ganz und gar bezahlt, hat aber den Ofen noch nicht ganz fertig gebracht. Aber er hat gelobt ihn fertig zu machen , bei seinem (Seelenheil). Wenn er es nicht täte, mögen wir mit ihm tun und lassen (was wir wollen), wo wir ihn fassen , denn er hat selbst darein gewilligt und hat in allen Städten auf Geleitsfreiheit verzichtet.
45) Wir Ratsherren haben ihm bezahlt die Arbeit, die er abgearbeitet hat, ausgenommen 1 Mark, die wir ihm noch schuldig sind.

Bis zum heutigen Tage ist zwischen dem Kreise Kreuzburg und seinen Dörfern ein ganz wesentlicher Unterschied gegenüber den oberschlesischen Dörfern festzustellen und die wirtschaftlichen Beziehungen ziehen sich mehr nach

Niederschlesien als nach Oberschlesien. Die Bevölkerung betrachtet es beinahe als eine Art von Strafe, dass sie dorthin geschlagen wurde.

Seit jener Zeit ist der Kreis Kreuzburg bei Oberschlesien verblieben und hat an dem Schicksal dieser Provinz teilgenommen, obwohl er wirtschaftlich immer nach Mittelschlesien ausgerichtet blieb. Die Bevölkerung fügte sich in das unvermeidliche.

Im Jahre 1827 folgte auf den Pfarrer Rüdenburg an der Kirche der Pastor C. Fr. Bauch. Er war geboren am 3. Mai in Laskowitz bei Ohlau. Seinen Studien hatte er auf den Universitäten Göttingen und Breslau obgelegen, bis er 1827 zum Pastor von Simmenau durch das Patronat berufen wurde. Zu seiner Zeit spielten sich die kirchlichen Auseinandersetzungen ab, die zur Abspaltung der Altlutheraner führten. Simmenau ist von dieser Bewegung kaum berührt worden und dem Pastor Bauch ist es gelungen, seine Gemeinde in Frieden zusammenzuhalten. Das war wohl auch der Grund, weshalb man ihn nach den Ereignissen in Hönigern, die zur Verhaftung des Pastors Kellner führten, damit beauftragte, die Gemeinde Hönigern zu verwalten. Die Versorgung dieser entfernt liegenden Gemeinde führte er von Simmenau aus durch. Er ist dafür entschädigt worden, indem ihm die Kirchenbehörde die Pfarrstelle in Gr. Karzen als Anerkennung der von ihm in Hönigern geleisteten Dienste übertrug. Er war sehr rege und hat einige Flugschriften in deutscher und polnischer Sprache verfasst. Im Antrittsjahr des Pastors Bauch 1827 findet eine Kirchenvisitation in Simmenau statt. Bei dieser macht man eine merkwürdige Feststellung. Einzelne evangelische Bewohner aus Simmenau wallfahren in die evangelische Kirche zu Rosen am Trinitatisfest in der abergläubischen

Meinung, hierdurch von einem körperlichen Leiden geheilt zu werden.

Kirche in Rosen

Woher diese eingebildete Meinung von einer magischen Kraft der gedachten Kirche herrührte, ist nicht zu erforschen. Doch wurde bekannt, dass an dem genannten Tage häufig auch katholische Christen selbst aus weit entfernten Orten nach dieser Kirche wallfahrten, ohne dass in dieser Kirche sich etwas befindet, was hierzu Veranlassung geben könnte. Dem Pastor wurde aufgetragen, durch gelegentliche Vorträge in der Gemeinde aufzuklären und dahin zu wirken, dass diese Wallfahrten aufhören. Trotzdem aber hat diese Sitte sich noch lange Zeit hindurch erhalten und ist erst vor einigen Jahrzehnten eingeschlafen.

Kirche in Schwirz

Pastor Kellner

Pfarrhaus in Schwirz

Zur Erinnerung an die Hundertjahrfeier in Schwirz
16. September 1934. 16. S. n. Trin.

P. Eduard Kellner, geb. 6. 8. 1802, gewürdigt um der Wahrheit willen
ins Gefängnis abgeführet zu werden 16. September 1834, † 26. 3. 1878.

Die Geistlichen des Konstädter Ländchens von Konstadt, Würbitz und Simmenau hatten aus alter Zeit den Auftrag, jeden Donnerstag in der Kirche zu Oels eine Predigt zu halten . Diese Einrichtung war eine außerordentliche haftung . Pastor Bauch weigerte sich diesem Dienst nachzukommen , obwohl er auf dem ministeriellen Wege dazu aufgefordert wurde , dies zu tun oder sich durch den Diakonus Krebs vertreten zu lassen . Doch entschied der Minister für die Unterrichts - und Medizinangelegenheiten Altenstein in einem Reskript an die Regierung in Oppeln , dass die Geistlichen von diesem Dienst entbunden werden können . Von dieser Zeit ab ist jener Dienst eingestellt worden.

Die Zahl der Evangelischen im Pfarrort zu jener Zeit betrug 850. Das Gut in Simmenau gehörte zu einem Teile 1779 der Gräfin Kessler . Im Jahre 1783 erb es der Graf Kessler . Im Jahre 1787 geht es durch Kauf an Karl von Siegroth auf Halbitz über. Doch wechselt es bald wieder den Besitzer und gelangt nunmehr an Karl Ernst von Wippach . Auch dieser hat es nicht lange in Besitz , wie in jener Zeit die meisten Güter des Konstädter Ländchens von einer Hand zur anderen gingen und die Besitzer sich vielfach nicht recht auf ihren Besitztümern zu halten vermochten . Bereits im 1795 ist Besitzer der Bankier Friedrich Engelhard Schreiber. Der Besitzer des anderen Teils war zu jener Zeit Ferdinand Wilhelm Siegismund von Lüttwitz. Er hatte das Bestreben , die beiden Teile miteinander zu vereinen. Das gelang ihm im Jahre 1795, von wo ab die von Lüttwitz Besitzer beider Teile werden . Diese Vereinigung hatte in mancherlei Beziehung große Vorteile. Gerade dadurch, dass in der früheren Zeit die beiden Anteile des Gutes in verschiedenen Fürstentümern gelegen hatten, lag die Bestimmung über alle Einrichtungen, die dem Dorfe gemeinsam sein sollten, in zwei verschiedenen

Händen. Je nachdem nun die Regierung der beiden Fürstentümer freundschaftlich oder feindselig zueinander standen, hatten die gemeinsamen Einrichtungen wie Schule und Kirche ihren Nutzen oder Schaden. Dieses Verhältnis war durch den Übergang Schlesiens und seiner einzelnen Fürstentümer an die preußische Krone zwar wesentlich gemildert worden, aber doch waren noch mancherlei Erscheinungen zurückgeblieben, die der endgültigen Vereinigung entgegenstanden. Das war in Simmenau die Teilung des Gutes. Durch den Kauf des Herrn von Lüttwitz war die nun aus der Welt geschafft und viele Schwierigkeiten kleiner und höchst unangenehmer Art beseitigt. Ging dies hier sehr einfach vor sich, so sind doch an anderer Stelle aus jener Zeit der Fürstentümer Verhältnisse zurückgeblieben, die bis zum heutigen Tage (1937) noch nicht haben geändert werden können und schier unüberwindbar erscheinen. Am 23. März 1827 tobte ein ungeheurer Sturm, der einen ungewöhnlichen Schaden in den Wäldern anrichtete. Das Jahr ist aber auch dadurch bemerkenswert, dass in ihm die letzten Wölfe, von denen in früheren Jahren die Gegend stark heimgesucht worden war und die für die Bauern im Winter oft eine große Plage gebildet hatte, erlegt wurden. Das Jahr 1829 und 1830 ist bekannt durch den außerordentlich strengen Winter, der damals herrschte. Er nahm seinen Anfang frühzeitig am 8. November. Am 16. November froren bereits allenthalben die Feldfrüchte ein. Die Kälte dauerte ohne Unterbrechung bis tief in das neue Jahr hinein. Die Kältegrade bewegten sich bis zu 28 Grad Reaumur. Dazu gesellte sich ein gewaltiger Schneefall derart, dass selbst die Hauszäune unter den Schneemassen begraben wurden und man mit den Wagen und Schlitten darüber hinweg fahren konnte. Besondere Schwierigkeiten ergaben sich bei der Beschaffung des Brennmaterials. Die Holzschläger waren selbst bei erhöhten

Löhnen nicht mehr zu bewegen, im Wald Holz zu schlagen, denn es froren ihnen hierbei die Finger. Die Folge war eine Erhöhung der Brennholzpreise, bis dieses gänzlich ausblieb. Im Frühjahr des Jahres 1830 mussten große Flächen Kornsaaten wieder eingeackert werden, da sie ausgefault waren. Im Jahre 1830 brach in Warschau die Revolution aus, an der bald ganz Polen teilnahm. Die in Preußen angrenzenden Gebiete wurden in eine nicht geringe Unruhe versetzt, da man Erscheinungen fürchtete, die man aus früherer Zeit kannte. Um Ausplünderungen der Ortschaften durch zusammengerottetes polnisches Gesindel zu verhindern, wurde eine Art Landsturm organisiert und die Dörfer verständigten sich untereinander, um sich gegebenenfalls gegenseitig helfen zu können. Doch blieb Simmenau von irgendwelchen Unruhen dieser Art verschont. Im Jahre 1831 drang die Cholera, die in Polen ausgebrochen war auch bis in die Grenzgebiete Preußens vor und dehnte sich bis nach Kempen aus. Man traf alle Vorsichtsmaßnahmen, um ein weiter um sich greifen dieser ansteckenden Krankheit zu verhindern. Eine strenge Absperrung von den angrenzenden Polen wurde vorgenommen. Gebäude wurden bestimmt, die eventuell zur Aufnahme der Kranken dienen sollten. Der Verkehr wurde auf das strengste überwacht und selbst die Postsachen wurden sehr vorsichtig behandelt, um auf diesem Wege eine Übertragung zu vermeiden. Doch wurde auch vor dieser Seuche der Ort bewahrt. Das Jahr 1834 zeichnete sich durch eine große Dürre und Teuerungen aus und die ärmere Bevölkerung hatte sehr zu leiden. Doch wurden vom Gut aus Maßnahmen getroffen um schlimmeres zu verhüten. Das Jahr 1836 war seiner Witterung nach gleichfalls anormal. Der schöne Monat Mai erlebte eine starke Kälte und am 26. Mai erreichte der Frost seinen Höhepunkt. Dafür setzte am 4. Dezember ein starkes Gewitter mit Sturm und Hagel ein.

Nach dem Weggang von Pastor Bauch im Kirchenamt der Pastor Karl Friedrich Plaskuda. Er war am 25. April 1807 in Tarnowitz geboren. Sein Vater war Leinwandhändler und Kirchendiener. Seine Ausbildung erhielt er zuerst in der Stadtschule in Tarnowitz. Dann besuchte er das Gymnasium in Gleiwitz und ging 1827 nach Breslau zur Universität. Seinen Studien lag er drei Jahre bis zu Jahre 1830 ob. 1834 wurde er zum Generalsubstitut in Breslau berufen und am 15. August 1834 ordiniert. 1835 war er Pfarramtsverweser in Simmenau seit dem 17. November und bis zum 11. April 1836 gemeinschaftlich mit Pfarrer Bauch. Im Jahre 1844 wurde er zur Provinzialsynode gewählt und war 1855 und 1865 Mitglied von Generalkirchenvisitationskommissionen. Er betätigte sich auch produktiv durch Herausgabe von Luthers kleinem Katechismus in deutscher und polnischer Sprache. Dann gab er einige kleine Schriften heraus z.B. Nesselhans: Schreiberhau 1852 und Jan Pokrzywa: Namslau 1852. 1854 verließ er die Gemeinde Simmenau und wurde nach Scheidelwitz und Michelwitz berufen. 1842 war in Simmenau ein neues Schulhaus erbaut worden, wobei ein älteres Gebäude stehen blieb. Der Lehrer und Organist Senft verstarb am 26.12.1844 noch nicht 55 Jahre alt an Gichtschmerzen. Er hatte schon lange vorher vertreten werden müssen. Adjuvant Wolke aus Schönfeld und ein Kandidat der Theologie haben die Vertretung ausgeführt. Das Jahr 1848 brachte der Gemeinde Simmenau keinerlei Unruhe, während sonst der Kreis Kreuzburg viel von Aufrührern heimgesucht wurde und eine Zeitlang wegen der Vorfälle in Rosen und Bürgsdorf der Belagerungszustand über den Kreis verhängt werden musste und Militär verschiedentlich herangezogen wurde, um die Ruhe zu sichern. Doch hat der Pastor Plaskuda in dem Schulvisitationsprotokoll vom 14. Juni 1849 folgende Bemerkung eingesetzt: "Es gehört zu den Errungenschaften der Neuzeit, das der Schulbesuch immer unregelmäßiger wird. Nur allmählich werden diese Verhältnisse sich ordnen lassen, die durch unreife Gelüste nach Freiheit gewaltsam heraufbeschworen worden sind." Danach gibt er eine Aufstellung über die Abwesenheit der Schüler in den einzelnen Stunden, die allerdings ganz ungewöhnlich ist. Doch sind solche Erscheinungen nicht bedeutsam gewesen und wohl auch bald verschwunden. Am 24. April 1843 eines Sonntags Vormittag, als der Lehrer in der Kirche seines Amtes waltete, wurde das rechte Schulhaus im Organistengarten gelegen auf unerklärliche Weise ein Raub der Flammen. Es wurde bald neu aufgebaut und zwar trug der Pastor zwei drittel und die Gemeinde ein Drittel der Kosten. Die Kirchengemeinde trug jedoch nur ein Drittel zu der Organistenwohnung bei. Das neue Schulhaus wurde nach des Ende des schönen Gartens bebaut. Die Kosten für Wohnung, Stallung und Scheune beliefen sich auf 3000 Taler.

Das Jahr 1852 kann als ein schwarzes Jahr in der Geschichte Simmenau bezeichnet werden. In diesem Jahr hielt ein böser Gast Einzug und rief viele Menschen in jungen und hohen Jahren in die Ewigkeit. Der Gast war die Cholera. (eine andere Quelle sagt: Um das Jahr 1844 herrschte in Simmenau die Cholera. Jeder Verkehr mit Simmenau war verboten. In die Kirche nach Simmenau durfte niemand. Es starben ganze Familien aus. Die vielen verstorbenen Menschen konnten nicht gleich beerdigt werden und lagen sogar auf der Straße.) Die Cholera suchte Simmenau mit beispielloser Wut heim. Zuvor hatte sie in Kreuzburg verheerend gewütet. Zunächst waren drei Kinder an der Ruhr gestorben. Am 12. September begann die Seuche und hielt bis 30. Dezember an. Der Anfang lag aus der Glashütte. Dort lebten 144 Personen. Von diesen wurden in kurzer Zeit dahingerafft. Anfang Oktober griff sie trotz aller Vorsichtsmaßnahmen auch auf das Dorf über. Sie forderte dort 79 Personen und vertilgte ganze Familien. Am 11. Oktober starben 13 Personen und man hat Mühe gehabt die Leichen heraus zu schaffen. Im Glockschen Haus, das dem zum Filorschen Kretscham gehörenden massiven Haus gegenüber liegt und zwischen der Schmiede und dem Wiszynschen Haus massiv erbaut worden war, starben 21 Personen. Der Herd der Krankheit beschränkte sich aber auf 8-10 Häuser. Der Wirtschaftsinspektor Albert Durin machte sich um die Bekämpfung der Seuche sehr verdient. Der Baron von Lüttwitz, der mit den Seinen nach Breslau geflüchtet war, brachte die größten Opfer, um seiner Gemeinde beizustehen. Mutlosigkeit und Sehnsucht nahmen überhand. Der Pfarrer des Ortes erlag endlich selbst den vielen Anstrengungen und erschütternden Aufregungen und schwebte vier Wochen lang in Lebensgefahr. Die Leichen wurden an dem Tage nach dem Tode still begraben und zwar auf dem neuen Friedhof. Es scheint, als ob dieser gerade in der Cholerazeit neu angelegt worden ist. Der Platz war von dem Kirchenpatron zum Begräbnisort angewiesen worden. Links von dem großen Wege sollten die Choleraleichen begraben werden. Es wurden zum Teil große Massengräber gemacht. In diese legte man die Leichen nebeneinander ohne Sarg. Die Choleraepidemie des Jahres 1852 stellt somit die größte Katastrophe dar, die seit Menschengedenken das Dorf getroffen hat und wie sie höchstens mit der Pest in dem dreißigjährigen Kriege verglichen werden kann. Am 26.12.1844 starb Organist und Lehrer Senft, der noch nicht 55 Jahre alt geworden war, an Gichtschmerzen. Schon lange vorher musste er vertreten werden. Adjuvant Moke aus Schönfeld half in der Vertretung. Auch ein Kandidat der Theologie übernahm lange Zeit hindurch den Unterricht. Der Unterhalt des Organisten bestand zu einem Teil aus Naturalien. Hierrüber heißt es in einer Berufungsurkunde:

"bey jeder Herrschaft, wenn Gott die Eichelmastung geraten lässt, haben ihm die Herrschaften beyde versprochen, aus gutem Willen jede ein Stück in Mastung zu nehmen. -ihm selbst dem Organisten wurde ehedem einen Sonntag um den anderen eine Mittagsmahlzeit gereicht, welches aber seit 1742 mit Bewilligung des Perzipienten dahin geändert worden ist, dass nun zu immer währenden Zeiten anstatt dieser jährlichen Mahlzeit am Sonntage von jedem Dominio besonders aufs ganze Jahr 1 Scheffel Korn, 1 Viertel Erbsen, 1 Bierlich Bier gegeben werden sollte."

Der Nachfolger des Lehrers Senft war Johann Gottlieb Lampel. Er war 1842 als Adjuvant nach Simmenau gekommen. Zwei Jahre lang musste er auf der Glashütte vier MAl wöchentlich Unterricht erteilen. Er heiratete im Jahre 1845 die jüngste Tochter seines Vorgängers, die aber schon am 13.08.1846 starb. Sein Bruder Friedrich Johann Lampel wurde Adjuvanten berufen. Er kam am 8.4.1845 zu Fuß von Großburg bei Strehlen nach Simmenau. Er wurde wiederum der Nachfolger seines Bruders und blieb in Simmenau bis zum Jahre 1878, wo er pensioniert wurde. Dessen Nachfolger war der Organist Christian Gruber und auf diesen folgte Wender. Auf den Pastor Plaskuda, der Simmenau 1854 verlassen hatte, folgte Johann Carl Theodor Abicht. Dieser war am 30. Arpril 1818 zu Wielkawies bei Buk im Großherzogtum Posen geboren. Sein Vater war der Bauinspektor Johann Friedrich Wilhelm Abicht in Oppeln, zuletzt in Posen. Er besucht zuerst die Elementarschule in Posen, dann die dreiklassige Vorbereitungsschule und später das Gymnasium daselbst. Bei der Teilung des Gymnasiums in ein evangelisches Wilhelms- und katholisches Mariengymnasium kam er auf ersteres in die Tertia. 1839 bis 1842 studierte er in Breslau. 1844 absolvierte er das erste, 1846 das zweite Examen in Posen und wurde 1848 in

Breslau ordiniert. 1848 bis 1854 war er in Namslau Pastor substitutus, dann daselbst polnischer Pastor. Nach Simmenau berufen wurde er am 30. Oktober 1854 daselbst feierlich empfangen und am 1. Advent desselben Jahres durch den Ephorus Kern aus Kreuzburg installiert. Am 8. April 1865 ging er als deutscher Pastor nach Pleß. Abicht hat für das kirchliche Leben des Dorfes und für die Hebung der Pfarre viel getan. Er führte Missionsgottesdienste in Simmenau ein und hat auch das Gesangbuch für Schlesien bald nach dessen Erscheinen für den deutschen Gottesdienst angenommen. Die Pfarrwidemuth hat er teils von den Pächter, teils vom Dominium selbst übernommen. Ein massives Stallgebäude ist gebaut, ebenso die Umzäunung um Pfarre und Garten neu hergestellt worden. Für die Kirche, deren Neubau höchst notwendig war, hat er ein Grundstück erstanden. Für die wirtschaftliche Entwicklung des Dorfes Simmenau ist in der ersten Hälfte des 19. Jahrhunderts die Entfaltung des Gutes Simmenau wichtig gewesen. Seit 1795 befand es sich in den Händen der Familie Lüttwitz. Die Lüttwitz haben sich reichlich Mühe gegeben, das Dominium hoch zu bringen. So wurde 1823 eine Glashütte errichtet, die einer Menge von Menschen Brot gab. Freilich besteht sie heutzutage nicht mehr.

Rudolf von Lüttwitz hat durch seine großartigen Unternehmungen das Dorf beinahe weltberühmt gemacht. Der Flachsbau wurde großzügig betrieben. Eine umfangreiche Schafzucht gehalten. Im Jahre 1859 wurde die große Dampfbrauerei gebaut. Doch kam das Gut 1866 aus dem Besitz der Familie Lüttwitz und geriet in die Hände, die zum Teil nicht mehr so pfleglich mit dem Betriebe umgingen. Doch blieb die Landwirtschaft noch mustergültig. 1866 verkaufte Rudolf von Lüttwitz das Gut an den Polen Peter von Walewski, der auch Graf Walewski genannt wurde. Dieser hatte es nur etwa fünf Jahre in seinem Besitz. Dann verkaufte er es im Jahre 1871 für 2.400.000 Mark an den Freiherrn von Huppmann-Valbella. Als dieser starb bewirtschafteten die Erben das Gut. Der Schwiegersohn Freiherr Rudolf von Künsberg war meist hier. Die Erben verkauften das Gut an Louis Kaliski -einem Juden- für 16.650.000 Mark im Jahre 1906. Franzosen, Italiener, Belgier, Polen, Ungarn und Böhmen kamen in dieser Zeit hierher, um die Landwirtschaft zu studieren.

Unter allen Besitzern des Gutes ist den Dorfbewohnern eine Persönlichkeit in dauernder Erinnerung geblieben, nämlich der Baron Rudolf von Lüttwitz. Unter ihm wurde die gepflasterte Straße angelegt und das Schloss gebaut. Die Herzensgüte des alten Herrn lebte noch lange in den Herzen aller Bewohner. Unendlich viel hat der Baron im Jahre 1847 getan, als die Teuerung auf das höchste gestiegen war. Der Sack Korn zu 170 Pfund galt eine Zeit lang 13 Taler. Hunderte von Hungrigen hat der Baron oft speisen lassen. Kein Bettler und kein Sammler ging leer aus seinem Hause. Ob würdig oder unwürdig, danach wurde nicht gefragt. 1907 verkaufte Kaliski das Gut für 2.650.000 Mark an den Majoratsbesitzer von Kutscjikow bei Plessen, Konsul von Becker.

Erste Reihe, mitte, vor der Fahne ist Konsul von Becker zusehen

Geschichte des schlesischen Geschlechtes von Lüttwitz 1185-2000

ПО УКАЗУ

ЕГО ВЕЛИЧЕСТВА ГОСУДАРЯ ИМПЕРАТОРА

НИКОЛАЯ АЛЕКСАНДРОВИЧА,

САМОДЕРЖЦА ВСЕРОССIЙСКАГО

и прочая, и прочая, и прочая

Объявляется чрезъ сiе всѣмъ и каждому, кому о томъ вѣдать надлежитъ, что показатель сего Бывшiй Военный Аттаме Германскаго Посольства въ С. Петербургѣ Маiоръ Баронъ фонъ Лютвицъ (M-r le Baron de Lüttvitz) отправляется отсюда заграницу. Его сопровождаютъ его супруга баронесса Марiя фонъ Лютвицъ (M-me la Baronne le Lüttvitz), его дочь баронесса Ирма фонъ Лютвицъ (Baronne Irma de Lüttvitz) и гувернантка Карлотта Мезенвольдъ (M-lle Medenwaldt). —

Во свидѣтельство того и для свободнаго проѣзда, данъ сей паспортъ отъ Министерства Иностранныхъ Дѣлъ съ приложенiемъ печати Его Императорскаго Величества. Въ С. Петербургѣ, Мая 30 дня 1904 года.

Товарищъ Министра
Иностранныхъ Дѣлъ (М. Обомiнскiй)

Das Schloß

Frh. Rudolph von Lüttwitz hatte von seinem Vater das Gut Simmenau geerbt. Im Jahre 1858 ließ er auf dem weitläufigen Gutsgelände das Simmenauer Schloß erbauern. Der ganze Komplex mit Gut, Schloß und Schloßbrauerei wechselte im Jahre 1866 und danach noch mehrmals den Besitzer. Die letzten Privatbesitzer des Schlosses waren familie von Becker- Das gegen Ende der 20er Jahre vor dem Schloss entstandene Foto zeigt im Vordergrund den Sohn Manfred von Becker mit seinem Hund Lumpi und dahinter die Bediensteten der Schloß-Herren.

1929 wurde das Schloß an die Siedlungsgesellschaft verkauft. Nach dem Ende des 2. Weltkrieges wurde es zerstört. Heute ist dort ein freier Platz.

Am Eingang des Schlossparks befand sich zu deutscher Zeit das Standbild eines Jägers mit Hund auf einem Sockel.
Im Jahre 1983 als vom Schloß schon nichts mehr vorhanden war, war die Figur des Jägers noch zum Teil erhalten, lediglich den Kopf und den Arm hatte sie eingebüßt und auch der Hund war verschwunden.

10 Jahre Später waren nur noch Teile des Sockels vorhanden.

*Abbildung zu
Seite 73*

*Abbildung zu
Seite 73*

Haus Simmenau

Als Stammvater des Hauses Simmenau ist **Rudolf Freiherr von Lüttwitz** (1793-1870) genannt. Er hat die Herrschaft Simmenau bereits von seinem Vater geerbt. Rudolf Freiherr von Lüttwitz war mit Lidy Gräfin zu Lynar verheiratet mit der er drei Söhne hatte: Arthur, geb. 1829, Rudolf, geb. 1831 und Max geb. 1835. Rudolf hatte seinem Sohn Arthur schon zu Lebzeiten die Herrschaft Lodygowitz und Wilkowitz in Galizien übergeben. Er war ein Poet, der im Alter von 43 Jahren, im Todesjahr seiner Frau Amelie Marquise de Peindray-d' Ampbell, zum katholischen Glauben übertrat. Über Arthur berichtet das "Lexikon der katholischen deutschen Dichter" 1899, von Friedrich Wienstein: *Lüttwitz, Arthur Maria Freiherr von psd. Arthur Dein, geb 1829 zu Simmenau in Schlesien, erhielt seine Bildung auf einem Breslauer Gymnasium und trat kurz vor dem Abiturientenexamen, bewogen durch die politischen Verhältnisse, 1848 in das 1. Garderegiment zu Potsdam ein, quittierte jedoch nach einem Jahr den Dienst, wandte sich in Torgau wieder den Gymnasialstudien zu und studierte dann in Bonn, Breslau und Berlin die Rechte. 1852 übergab ihm sein Vater einen ausgedehnten Besitz in Galizien zur selbstständigen Verwaltung; deshalb mußte er die juristische Laufbahn aufgeben. Nachdem er nach siebenjähriger Verwaltung seine Herrschaft verkauft, lebte er auf dem väterlichen Gut in Schlesien; als auch dieses 1866 in fremde Hände überging, begab er sich nach Paris, wo er sich mit einer reichen Kreolin verheiratete. Den Sommer hindurch* *weilte er auf seinem Jagdschloß im Taunus, den Winter verbrachte er auf Reisen. Seine glückliche Ehe wurde nach 6 Jahren bereits durch den Tod gelöst, indem die Gattin auf einer Reise in Spanien starb. Damit sagte auch er den Freuden der Welt Lebewohl. 1872 trat er zur kath. Kirche über. Er lebte gegenwärtig in Berlin.*

Schriften: Baron Leinau, (Dr.) 1878. Aus vergangenen Zeiten, Gedr. 1878. Va banque (Dr.), 1878. Das Hemd des Glücklichen. Lese Blätter a. Meinem ungeschrieb. Tagebuche, 1891.

Rudolf Freiherr v. Lüttwitz, der 2. Sohn, war mit der sehr wohlhabenden Charlotte Donnald-Campbell-Simon verheiratet. Er war der Erbe der Herrschaft Simmenau und Kreuzburg, die er noch zu Lebzeiten seines Vaters verkaufte.

Der jüngste Sohn Max Freiherr von Lüttwitz, war Jurist, Dr. jur. und Dozent an der Universität Sydney. Er heiratete 1864 die Ungarin Irma von Gaal-Gyula. Aus dem Leben ihres Sohnes Arthur wird nachfolgend ausführlich berichtet. Da Arthur nur eine Tochter hatte, die den Namen der Mutter Irma trug, ist die Linie Simmenau im Mannesstamm erloschen. Nur ein Bild von dem großen Schloß im Kreis Kreuzburg in Schlesien erinnert heute an den einstigen großen Besitz. Irma Freiin von Lüttwitz war drei mal verheiratet und drei mal geschieden! Sie war von seltener Anmut und Schönheit, dabei von einem reizenden Wesen. In erster Ehe heiratete sie 1913 den Gesandten Gustav Braun von Stumm. In diesem Winter war sie einer der Stars der Berliner Hofgesellschaft. In zweiter Ehe war Irma dann mit dem ungarischen Prinzen Nikolaus Balthasar Odescalchi verheiratet, der als Opfer der Gestapo zwischen 1943 und 1945 ums Leben kam, und in dritter Ehe heiratete sie in Kopenhagen den königl. großbrit. Capitän Frederic F. Wessel. Über die zweite Ehe schrieb ihr Onkel Walther Freiherr v. Lüttwitz in seinem Tagebuch am 7. *Dezember 1923: meine Nichte, geschiedene Baronin Stumm, hat einen 21-jährigen ungarischen Prinzen Odeskalchky geheiratet. Ich fürchte fast, die Ehe wird nicht zu lange halten. Heutzutage sind ja freilich Ehescheidungen an der Tagesordnung und regen nicht auf. Fast ist man zur freien Liebe übergegangen.*

Arthur Freiherr von Lüttwitz, geboren am 9. April 1829, wurde nach Beendigung seiner Ausbildung in der Kadettenstadt als Sekondeleutnant in dem Königin-Elisabeth-Garde-Grenadier-Regiment eingestellt. Nach dem Besuch der Kriegsakademie wurde Arthur als Hauptmann im Großen Generalstab bei der Landesaufnahem eingesetzt. 1899 wurde er Militär-Attachée bei der Botschaft in London, nahm am Bürgerkrieg teil, und kam anschließend als Militär-Attachée nach St. Petersburg.* Dort wurde er 1901 zum Major befördert. Nach seiner Rückkehr wurde Arthur wieder im großen Generalstab verwendet und wurde später Bataillonskommandeur der im Augusta-Regiment. 1907 kam er wieder zurück in den großen Generalstab, wurde 1908 Oberstleutnant und Abteilungschef, 1911 Oberst und 1912 Kommandeur des Infanterie-Regiments Hamburg. Im April 1914 wurde Arthur Frhr. v. Lüttwitz zum Generalmajor befördert zum Kommandeur der 39. Infanterie-Brigade in Hannover ernannt. In Cleveland, Ohio, heiratete Arthur 1892 die Rechtsanwalt-Tochter Mary Curtis Cary.

*Aus dieser Zeit ist der umseitige abgebildete "Reisespaß", der folgenden Wortlaut hat: "Auf Befehl Seiner Majestät des Kaisers Nicolaus Alexandrowitsch, Selbstherrscher aller Reußen, wird hiermit allen und jeden denen daran gelegen kund und zu wissen gethan daß Vorzeiger dieses (Dokumentes) Herr Baron von Lüttwitz, Major, Militär-Attachée an der deutschen Botschaft in St. Petersburg (ist), er reist von hier ins Ausland. Er ist in Begleitung seiner Frau Baronin von Lüttwitz, seiner Tochter Baronin Irma von Lüttwitz und der Hauslehrerin Frl. Charlotte Medenwaldt. Zu Urkund dessen und zur ungehinderten Reise ist dieser Paß vom Ministerium der auswärtigen Angelegenheiten unter seiner Kaiserlichen Majestät Insiegel ertheilt worden. Gegeben in St. Petersburg, den 30. Mai 1904. Prinz Obolensscy"

Die alte Kirche war im Jahre 1614 erbaut und wurde allmählich baufällig. Ein Neubau war notwendig. Doch machte es unendlich Mühe, den Neubau in die Wege zu leiten. Schon im Jahre 1826 war amtlich bescheinigt festgestellt worden, dass der alte Kirchenbau kaum noch benutzt werden konnte. Dennoch begnügte man sich mit einer Reparatur, die den Betrag von 1.000 Talern verschlang. Im Jahre 1835 erwiesen sich die durchgeführten Reparaturen für ungenügend und es wurde wiederum ein Neubau beantragt. Das Ministerium stellte einen Beihilfebetrag von 6.000 Talern in Aussicht. Das Projekt scheiterte jedoch. Die Deputierten waren völlig ungenügend vorbereitet. Sie machten viele Schwierigkeiten. Schließlich bogen sie dahin aus, dass sie die in der unpraktischsten Weise vorschlugen, den Gottesdienst zu alternieren. Der Plan des Neubaus scheiterte wiederum. Im Jahre 1840 nahm Pastor Plaskuda den Plan von neuem auf. Man richtete zunächst einige Bittgesuche an das Oberpräsidium. Fernhin wandte man sich an den Minister Grafen zu Stolberg. Schließlich wurde eine Verteilung auf bestimmte Jahresbeiträge für jedes einzelne Gemeindemitglied durch den Pastor und die Ortsgerichte nach Billigkeit festgestellt und am 28. März 1842 eine Petition an die königliche Regierung eingerichtet. Darin wurde dargelegt, wie das beanspruchte Darlehen allmählich getilgt werden sollte und mehrmalige Reisen zur Regierung nach Oppeln schienen zum Ziele zu führen. Trotz allem tauchten neue Bedenken auf und ein abschlägiger Bescheid seitens der Regierung wurde erteilt. Am 8. Dezember 1842 wurde wiederum ein Bittgesuch an das Ministerium eingereicht. Nun wurde von den Landräten der beiden Kreise ein Termin am 6. April 1843 abgehalten. Zunächst wurde eine Vergrößerung der bestehenden Kirche ins Auge gefasst. Doch erkennt man bald einen Neubau für notwendig an. Ein spezieller Bauplan wird entworfen. Eine lange, aber sehr lästige Korrespondenz wird mit dem liebenswürdigen, aber mit Arbeiten sehr überladenen Bauinspektor Beckmann in Kreuzburg und mit der königlichen Regierung in Oppeln geführt. Endlich erfolgte am 19. März 1846 ein neuer Termin in Simmenau durch die beiden Herren Landräte. Das Bauprojekt und die Art der Ausführung wird festgesetzt und angenommen. Nun macht das Ministerium eine ganze Reihe von Ausstellungen. Für den 5. Januar 1847 setzt der Kreuzburger Bauinspektor in Simmenau einen Termin an. Der Antrag des Pastors, die Sakristei größer zu mache, weil die Zahl der Kommunikanten oft mehr als 300 beträgt und darum es zweckmäßiger wäre, dieselbe hinten, als an der Seite anzubringen, wird angenommen. Ein Altargemälde wird schon in Düsseldorf für 800 Taler bestellt. Den 10. August 1847 wird die umgeänderte Zeichnung endlich fertig. Im Winter werden schon 200.000 Mauerziegel durch den Patron und 72 Klaftern Kalkstein durch die Bauernschaft angefahren. Der Beginn des Baues scheint gesichert und das Ziel scheint erreicht zu sein. Da kommen die glorreichen Tage des März anno 1848 und vom aufgetauchten Minister Hansemann erschien die erbauliche Erklärung, die Gemeinde konnte bauen, wie sie wollte, eine Unterstützung oder ein Gnadengeschenk aber sei nicht zu erhoffen. Alle Baugedanken vergingen bei der Zerrüttung und Unsicherheit der sozialen Verhältnisse und der Lage des Staates. Die zerfallenen Mauerziegel wurden anderweitig verwendet. Es wurden davon eine Düngergrube und ein Wirtshaus erbaut. Die Kosten der Anfuhr des Kalksteines wurden durch den Patron und den Bauern vergütet und somit alles alte vernichtet. 1853 tauchten neue Baugedanken auf. Man beschließt durch freiwillige Beiträge einen Bau Fonds zu gründen. Das gegebene wird der einzelnen gutgeschrieben und später auf amtliche Verteilung ausgerechnet. Der Herr Kirchenpatron versteht sich zu 100 Talern jährlich. Viele Hindernisse sind zu überwinden. Einem Teil erscheint der eingeschlagene Weg zu langsam. Sie wollen den Bau sofort beginnen und die erforderlichen Summen sofort beschaffen. Doch schien man durch solche Redensarten den ganzen Plan nur hintertreiben zu wollen, weil sowohl dem Kirchenpatron als auch der Mehrzahl in der Gemeinde es schwer fallen dürfte, die benötigten Summen in kurzer Zeit aufzubringen. In einer öffentlichen Kundgebung wurde nunmehr erklärt, es werde Haussammlung durch zwei vertrauenswürdige Mitglieder veranstaltet werden und daraus der Bau Fonds gebildet. Von dem gesammelten Geld sollte zunächst ein Rentenbrief gekauft werden. Der Patron wurde mit dem Kauf des Briefes, der damals niedrig stand, beauftragt. Er wollte einen niedrigeren Preis abwarten. Doch stiegen die Briefe bald und fielen nicht mehr. Der Patron erbot sich daher, der Kirchengemeinde den durch sein Zögern entstandenen Schaden zu ersetzen, und hat dies auch wirklich getan. Viel Sorge bereitete auch der Platz, auf dem die neue Kirche gebaut werden sollte. Es war schon seit Jahren der innigste Wunsch der Kirchengemeinde, die zwischen der Pfarre und der Kirche gelegene Nickischstelle zu erwerben. Der Besitzer dieser Stelle war genötigt, sie zu verkaufen. Am 20. April 1857 wurde sie für den Preis von 1.200 Talern verkauft. Der Erwerb der Nickischstelle war von sehr großem Wert. Die Kirche sollte ursprünglich auch auf diesem Grundstück errichtet werden. Doch wurde schließlich der Ort der alten Försterei zum Kirchplatz ausersehen. Das Stallgebäude steht auch bereit mit einem kleinen Teil auf der Nikischstelle. Die Gebäude auf der Nikischstelle wurden nach und nach abgetragen wegen Baufälligkeit. 1892 wurde an der Stelle das Pfarrheus für 2.000 Taler gebaut.

Der Lehrer Johann Friedrich Lampel war viele Jahre hindurch zugleich Postvorsteher. Er war kränklich und wurde, wie vorher schon angegeben, zum 1. August pensioniert. Er lebte noch eine Reihe von Jahren in Breslau und wurde dort zu verschiedenen Vertreterdiensten in Schulen herangezogen.

Sein Nachfolger war Christian Gruber in Polkowitz. Leider wurde dieser geistesleidend und starb am 15.12.1889 im Irrenhaus zu Kreuzburg. Nun vertrat wiederum Lehrer Michler aus Hennersdorf, der bereits früher viel vertreten hatte. Er bewarb sich um die Simmenauer Stelle, zog aber seine Bewerbung wieder zurück. Dessen Nachfolger wurde nun Lothar Wender aus Petersgrätz, der in Pitschen am 26. Mai 1862 geboren war. Im Jahre 1889 trat er sein Amt an. Wender feierte in Simmenau sein Jubiläum mit 25 Dienstjahren in der Schule und konnte auch noch sein 25 jähriges Ortsjubiläum begehen. Waren bisher immer zwei Lehrkräfte in Simmenau gewesen, so stellte sich alsbald die Notwendigkeit der Einrichtung einer dritten Lehrstelle heraus. Es wurde die größere Stube im zweiten Schulgebäude als Schulklasse eingerichtet. Im Jahre 1888 wurde die neue Schule erbaut und die zweite alte Schule der Kleinkinderschule überwiesen. Als Hilfslehrer amtierte Geisler, der als Lehrer nach Heilersdorf bei Falkenberg entlassen wurde. Es folgte als Vertreter Lehrer Hoffmann. Am 1.4.1892 kam Lehrer Karl Schoppe. Am 3. Mai 1892 wurde der erste Lehrer Wender als Hauptlehrer eingeführt. Es bestand damals eine fünfklassige Schule mit vier Lehrern, Wender, Kubitz, Hoffmann und Schoppe. Am 13. Mai 1892 wurde Lehrer Innerling als 3. Lehrer berufen und am 16. Mai 1892 eingeführt. Lehrer Kubitz wird am 31.8.1892 entlassen und geht nach Sterzendorf.

Lehrer Sieghardt

Simmenauer Schüler im Jahre 1888
Das sehr alte Klassenbild mit Hauptlehrer Wender

1.Reihe von links
?
Tromka
Albert Mischok
Erich Mischok
?
Nimbach, Wessola
Erich Piontek
Gerhard Jergus (Kaufmann)

2.Reihe von links
Alfred Hadrisch
Gustel Langner
Trude Wieczorek
Erna Jergus vom Berge

Paula Barnetzki
Else Pohl
?
Martha Golibrzuch (Löbner)
?
Model
?
Sroka, Wessola

3. Reihe von links
Marta Steinert
Paul Wieczorek
?
Karl Steinert
Willi Kaminski
?
Oskar Langner
Fritz Bienek
Willi Bienek
Winkler

4. Reihe von links
Kalus
Else Bernsch
Anna Wabnitz
Trude Zimmermann
Waldkretscham
Trude Hadrisch
Frieda Jelinek
Emma Ratai
Klara Lewitzki
Hauptlehrer Wender

5. Reihe von links
Lene Langner
Martha Sydlik
Trudel Filor
Frieda Lietsch
Lene Lewik
Emma Winkler

Innerling wird daraufhin zweiter Lehrer, Schoppe dritter Lehrer und Karl Jana kommt am 1. März 1893 als Hilfslehrer. Theodor Saringe wird am 1.4.1893 Hilfslehrer und am 12.12.1896 dritter Lehrer, während Lehrer Schoppe nach Neuwalde geht. Den 29.7.1898 geht Lehrer Innerling nach Königshütte, wo er später Rektor wird und Heinrich Schaarg, der den 12.12.1896 als Hilfslehrer nach Simmenau gekommen war, wird dritter Lehrer. Am 1.7.1902 wird Lehrer Kabe 2. Lehrer und Reinhold Gaebel dritter Lehrer. Den 1.11.1902 wurde dem früheren Lehrer Max Baier aus Petrzkowitz die vierte Lehrstelle vertretungsweise übertragen. Lehrer Gaebel scheidet den 27.2.1904 von Simmenau und geht nach Neudorf. Er ist später im Krieg gefallen. Am 3.4.1906 kam Lehrer Niebig, am 1.4.1906 als zweiter Lehrer Sygusch aus Matzdorf und als 3. Lehrer Schröter. Dieser geht zuletzt nach Oberweiden und an seiner Stelle kommt Lehrer Przyrembel, der im Krieg gefallen ist. Lehrer Sygusch wurde eingezogen und wurde Offizier. Noch kurz vor dem Waffenstillstand geriet in amerikanische Gefangenschaft. In der Kriegszeit wurde sehr stark mit Vertretungen gearbeitet. So amtierte hier Fräulein Michari und Fräulein Arndt u.a. Am 23. Februar 1923 starb Hauptlehrer und Organist Lothar Wender im Alter von 60 Jahren an einem Herzleiden. Lehrer Sygusch vertrat den Organisten während seiner langen Krankheitszeit und wurde dann 1923 selbst zum Hauptlehrer und Organisten berufen. Nachdem Pastor Abicht von Simmenau gegangen war, trat an seine Stelle Pastor Carl Heinrich Remmy. Dieser war am 7. August 1817 zu Racot bei Kosten im Großherzogtum Posen als Sohn des Königlich-Niederländischen Forstverwalters Johann Remmy geboren. Er besuchte das Gymnasium zu Lissa von 1833 bis 1839, dann die Universität Breslau von 1839 bis 1842. Sein Examen bestand er in Posen. Vor seiner Berufung nach

Goltowitz war er Hauslehrer in verschiedenen Familien der Provinz Posen. In Golkowitz zog er ein am 1. April 1852, nachdem er in Breslau am 21. April ordiniert worden war. Am 1. Oktober ging er von Golkowitz nach Simmenau. Remmy machte sich bald an die schwere Aufgabe, den Kirchenbau, dessen Durchführung in den Anfängen stecken geblieben war, wieder in Gang zu bringen. Tatsächlich gelang es ihm, den damaligen Kirchenpatron, Baron von Huptmann-Valbella, für den Kirchenbau zu gewinnen. Im Jahre 1875 konnte endlich die Grundsteinlegung beginnen. Volle drei Jahre hat man gebaut. Am 8. April 1878 erfolgte die Einweihung der neuen Kirche, wozu Generalsuperintendent D. Erdmann aus Breslau erschienen war. Der frühere Kirchenpatron Rudolf Freiherr von Lüttwitz schenkte das Altarbild, das von dem Dresdener Maler Junker gemalt und in einen goldenen Rahmen gebracht worden war. Nicht lange nach der Einweihung starb Pastor Remmy 1878. Ihm folgte sein Sohn Adolf Remmy von 1878 bis 1925. Er hat, nachdem die Kirchenbauschuld getilgt war, im Jahre 1892 das Pfarrhaus neu gebaut. Er hat die schwersten Zeiten der Gemeinde Simmenau erlebt, da in den Wirren von 1919 bis 1921 die Polen bis nahe an Simmenau heran kamen. Wiederholt wurde er von polnischem Militär bei Seelsorgebesuchen festgenommen und tagelang gefangen gehalten. In der Abstimmungszeit trat er mannhaft für das Deutschtum ein und konnte es erleben, dass Simmenau ein Treuebekenntnis zu Deutschland ablegte. Er ging nach seiner Pensionierung zunächst nach Breslau, half aber trotz seines hohen Alters noch viel bei Vertretungen, bis er nach Berlin zog. Dort ist er gestorben und wurde nach Simmenau überführt, wo er feierlich beigesetzt wurde. Man nannte ihn das lebendige Gewissen der Gemeinde. Ihm folgte als Pfarrer Joachim Hossenfelder, der nur wenige Jahre in Simmenau verblieb.

Pastor Adolf Remmy, Simmenau
Dieses Bild wurde in den 1920er Jahren aufgenommen

Er ging schließlich nach Berlin und wurde dort im Jahre 1933 Bischof. Sein Nachfolger im Amt ist Pastor Michaelis.

Hossenfelder, Joachim Gustav Wilhelm,
geb. 29.4.1899 Cottbus

Pastor Michaelis

In den Jahren von 1870 bis 1914 erlebte die Gemeinde einen erheblichen Aufstieg. Das Leben wickelte sich friedlich ab. Wesentliche Ereignisse im Dorf leben fallen nicht in diese Zeit, mit Ausnahme von verschiedenen mehr oder weniger schlimmen Naturereignissen. Unter diesen sei das große Schneetreiben am 18. April 1903 erwähnt. Bereits am 17. April setzte das Schneetreiben ein. Der Schneesturm wehte mit ungeheurer Macht. Bald war viel Schnee gefallen, dass alle Wege völlig verschneit waren. Die Behinderung durch den Schnee war so stark, dass selbst Beerdigungen nicht stattfinden konnten. Ein Begräbnis, das auf diesen Tag fiel, musste abbestellt werden. Es konnte erst am 21. April erfolgen. Der Begräbniszug ging durch hohe Schneemauern hindurch. Desgleichen konnte man nur zwischen hohen Schneewänden hindurch zu den einzelnen Wirtschaften gelangen. Der Lehrer konnte am 18. April nur durch das Fenster ins freie gelangen. In den folgenden Tagen aber taute der Schnee rasch weg und wich dem nun mit Macht eintretenden Frühling. Ein kleiner Anfang mit einer Kleinkinderschule wurde in den Jahren 1876 bis 1877 von Frau Remmy gemacht. Mit Unterbrechungen wurde die Kleinkinderschule betrieben zuletzt von einem jungen Mädchen, das in Breslau bei der Gräfin einen kurzen Kursus durchgemacht hatte. Doch ging die Sache wieder mangels an Mitteln ein. Im Jahre 1899 wurde die Kleinkinderschule von neuem eröffnet. Die Regierung bewilligte im Interesse der Germanisation eine jährliche Beihilfe von 670 RM. Eine Kutscherstube wurde zu diesem Zweck eingerichtet. Ein kleines Kapital, das man in der Zwischenzeit angesammelt hatte, wurde zur Beschaffung des Inventars verwandt. Am 27. Februar konnte die Kleinkinderschule eröffnet werden. Erste Lehrerin war Schwester Martha Klause aus Bethanien in Kreuzburg, die zwei Jahre hier war. Andere Schwestern kamen. Ein Jahr lang war auch eine in Bethanien ausgebildete Lehrerin, Fräulein Stranis, Tochter des Hauptlehrers Stranis aus Breslau hier angestellt. Die längste Zeit war hier Schwester Valeska Schwirkus, die nach ihrer kurzen Zeit, in der sie in Omechau tätig war, wieder hierher zurückkehrte. Sie leitete den Kindergarten bis 1913. Nach Einziehung der vierten Lehrstelle erteilte die Regierung die Genehmigung, dass das ganze Schulgrundstück, in welchem die dritte Klasse untergebracht war, der Kleinkinderschule überwiesen wurde. Der Vorbehalt wird gemacht, dass das Schulgrundstück wieder freigegeben wird, sobald das Bedürfnis einer Weiterverwendung zu Schulzwecken eintritt. Das Heizmaterial gewährte der Schulvorstand, ebenso trug er die Kosten einer notwendigen Renovierung. Ein Zimmer wurde einer Ortsanwohnerin mit dem Auftrag kostenlos übergeben, dass sie die Beheizung und die Bereinigung des Schulraumes und die Bedienung der Kleinkinderschullehrerin übernahm. Am 1. April 1910 wurde das Schulzimmer übernommen. Da es im Winter wegen seiner Größe schwer zu heizen war, wurde es durch eine Zwischenwand geteilt. Am Ende des Krieges wurde der Unterricht sehr erschwert, da es an Kohlen mangelte.

Nachdem sich die Gemeinde in den Jahren vor dem Krieg segensreich entwickelt hatte, zogen die schweren Wetterwolken des Weltkrieges herauf, der in die Geschichte des ganzen Vaterlandes und auch in die der Dorfgemeinde hart eingriff. Am Freitag den 31. Juli 1914 wurde der Belagerungszustand erklärt. Der 2. August 1914 war der erste Mobilmachungstag. Der Abschied der Männer von ihren Familien war schmerzlich. Deutsche Truppen besetzten die Grenze und gingen darüber in Feindesland vor. Der Spätherbst brachte für die Einwohner schwere Sorgen. Die Kampfhandlungen näherten sich immer mehr der

Grenze. Man musste mit einem Einfall der Russen rechnen. Österreichische Truppen lösten die Deutschen ab und gingen vor. Der Kanonendonner von den Schlachtfeldern war deutlich hörbar. Heimlich überlegte sich mancher, ob er seine Scholle verlassen sollte, oder ob er weiter bleiben sollte. Aus Ostpreußen hatte man viel schreckliches über die Flucht der Bevölkerung vernommen. Man versteckte die Wertgegenstände und die jungen Männer mussten vielfach nach Westen. Das Frühjahr 1915 nahm der Bevölkerung die größten Sorgen ab, als Hindenburgs Armeen nach glänzenden Siegen die Frontlinie in das Innere von Polen verlegten. Allmählich machte sich auch in den Jahren 1916 und 1917 mancherlei Mangel bemerkbar. Wenn freilich der Landbewohner den Mangel an Lebensmitteln nicht so stark spürte, als der Städter, so fühlte man doch auch den Mangel an mancherlei Verbrauchsgegenständen ganz deutlich. Die Verkehrsmittel litten an männlichen Arbeitskräftemangel. Doch die Frauen arbeiteten zu Hause heldenhaft an der Stelle der Männer, die draußen standen und gerade die Landwirtsfrauen, die oft schlechtes Personal zur Arbeit bekommen konnten, leisteten übermenschliches. Für die Kriegsanleihen wurden erhebliche Beträge gezeichnet. Das Stehlen nahm zu und der Schleichhandel fing an zu blühen. Auch fing das Hamstern der notleidenden Städter an. Die Zahl der gefallenen wurde immer größer. Tiefes Leid zog in die meisten Familien ein. Der 9. November 1918 bezeichnete den Zusammenbruch des Vaterlandes. Allmählich kehrten die Krieger von der Front heim. Als man die Zahl der Toten feststellte, ergab dies eine Ziffer von 54. Die Gefallenen hießen: Friedrich Eydlik, August Ratay, Alfred Baudis, Karl Rosek, Friedrich Kroll, Kurt Wender, Robert Bensch, Erich Przirembel, Johann Koschik, Friedrich Nimbach, Erich Hadrisch, Friedrich Pramor, Heinrich Piontek, Karl Schönfeld, Johann Pramor, Johann Brix, Alfred Pohl,

Herrmann Wabnitz, Heinrich Golibrzuch, Robert Jergus, Johann Stupin, Karl Frosch, Otto Pohl, Wilhelm Wabnitz, Karl Bieneck, Alois Rohner, Friedrich Langner, Gottlieb Sonka, Gustav Lyko, Paul Rydzy, Karl Sylla, Karl Przybilla, Wilhelm Rindfleisch, August Barnetzki, Wilhelm Brix, Karl Poguntke, Karl Steinert, Karl Bialucha, Robert Wabnitz, Karl Plewa, Robert Brix, Reinhard Beineck, Johann Wrona, Friedrich Wrona, Friedrich Brix, Herrmann Buchwald, Josef Zipka, Herrmann Bialucha, Robert, Lagner, Herrmann Fuchs, Johann Schimschok und Johann Stupin.

Die dem Krieg folgenden Ereignisse sind noch in aller Gedächtnis. Die Besetzung Oberschlesiens legt der Bevölkerung viel Einschränkungen auf. Es folgte die Abstimmung, die nach dem für den Kreis Kreuzburg günstigen Ausgang das Gebiet wieder zu Deutschland brachte, nachdem der Polnische Aufstand mit seinen furchtbaren Erscheinungen beendet worden war.

Als Abschluss sei noch die Besiedlung des Dominiums erwähnt. 1929 war das Gut durch Herrn von Becker, dem letzten Besitzer, an die Oberschlesische Landgesellschaft verkauft worden mit dem Ziel Siedler anzusetzen. Dies geschah auch als bald. Nunmehr kamen Menschen aus dem deutschen Raum von weit und nah herbei, um ein aufgeteiltes Stück als Siedlung zu übernehmen. Westliche Menschen wurden an die deutsche Ostgrenze geführt, um hier mit deutschem Blut einen Wall gegen die andringenden Slawen zu bilden. Ganze Häuserreihen entstanden an den Straßen und zeigen schon von weitem die Stelle des deutschen Siedlerfleißes an. Nicht leicht war der Anfang und doch musste er gewagt und gemacht werden, um der deutschen Ostgrenze neues Menschenmaterial zuzuweisen.

Hindenburg - Ostpreußens Befreier

Kriegerdenkmal 1870/71

Das ältere der beiden Simmernauer Kriegsdenkmale war den Simmernauern gewidmet, die im Kriege 1870/71 gefallen sind. Es stand nicht weit von dieser noch vorhandenen Treppe, der gegenüber das einstige Pfarrhaus stand. Von diesem aus gesehen links der Treppe befand sich das Denkmal. Auf seinem Sockel liest man die Inschrift: "Mit Gott für Kaiser und Vaterland" Heute ist nur noch dieser Sockel vorhanden; er liegt im Garten des heutigen Pfarrhauses, des früheren Brozatus-Hauses.

Mit Gott für Kaiser und Vaterland 1907

Kriegerdenkmal - Simmenau - 1915

Simmenau (heute Szymonkow), Stadt Kreuzburg, Woiwodschaft Opole, Oberschlesien, Polen Namen der Gefallenen: 2. Weltkrieg

Dienstgrad	Name	Vorname	Geburtsdatum & Ort	Todesdatum & Ort	Bemerkungen
	BELKA	Robert		1944	
	BRIX	Anna	18.04.1887	22.06.1945	
Gefreiter	BRIX	Rudolf	26.12.1908	17.06.1944 Vannes Sesvellec	ruht auf der Kriegsgräberstätte in Mont-de-Huisnes. Endgrablage: Gruft 1 Grabkammer 126
	ELSNER	Käthe	26.10.1930	14.08.1945	
Ob.-Gefreiter	GOERNER	Friedrich	28.06.1924	12.03.1945 bei Wollin, Polen	Grab derzeit noch an folgendem Ort: Wolin - Polen
	HARDT	Hildegard	10.08.1906	25.11.1945	
Leutnant	HARTRUMPF	Konradt	20.12.1903	05.01.1945	
Pol.-Gend.	HEIN	Josef	20.12.1901	13.03.1945	
	JANEK	Minna			
Soldat Obergefreiter	JANIK	Karl	22.02.1907	19.05.1946 Kgf.i. Raum Petrosawodsk	Grab derzeit noch an folgendem Ort: Petrosawodsk - Rußland
Soldat	JERGUSS	Max	15.07.1930	00.08.1941	
	KAMINSKY	Fritz	23.05.1894	20.01.1945	
	KAMPF	Charlotte	27.06.1892	03.08.1947	
	KRAFT	Theodor			
	KRAUSE	Maria	17.04.1878	20.01.1945	
	KRAUSE	Otto	19.04.1882	20.01.1945	
	LANGNER	Robert	15.09.1866	11.11.1945	
	LINDBERG	Richard		1941	
	LÖBNER	Rosina	1874	19.01.1945	
Ob.-Gefreiter	MEHRLÄNDER	Fritz	23.08.1910	10.01.1945 Goldap / Dumeiken / Reimannswalde	vermisst
	MÜLLER	Birgit	10.01.1945	1945	Kind
Soldat Schütze	NIKOLAUS	Kurt	03.10.1922	19.08.1942 Stanitze-Krasnojorsk	Grab derzeit noch an folgendem Ort: Zymljansk – Rußland
Uffz.	POHL	Max	09.03.1920	00.03.1945	
	RÄTH	Willi	30.04.1909	08.01.1943 Stalingrad	
Soldat	SANDER	Martin	14.01.1923	1945	
Obergefreiter	SCHROTT	Gerhard	01.07.1913	24.08.1943 1km nördl. Gleisdreieck Pkt. 6	Grab derzeit noch an folgendem Ort: Kelkolowo Regimentsfriedhöfe - Rußland
	SINGLER	Adolf	1878	20.01.1945	
	SINGLER	Franz	1885	00.03.1945	
	SINGLER	Marie	1878	20.01.1945	
	SROKA	Wilhelm	23.08.1868	18.03.1945	
	STOJAN	Susanna	27.01.1892	29.08.1945	
	THOMALLA			1945	

Quelle: Ehrenbuch des Heimatkreises Kreuzburg O/S, Heimatkreisverband Kreuzburg O/S e. V., 1971. Ergänzungen Daten aus www.volksbund.de/graebersuche.html   Datum der Abschrift: --.02.2016 Verantwortlich für diesen Beitrag: Klaus Becker

„Von der Freiheit eines Christenmenschen"

von Pfarrer Wollbart Schlichting

Der evangelische Pfarrer und Paneuropäer Wolfhart Schlichting nimmt das Luther-Jubiläum zum Anlaß, um daran zu erinnern, dass die Errungenschaften der Reformation nur dann lebendig bleiben, wenn ihr Ausgangspunkt nicht verdrängt wird: Die Frage, wie man Gott gerecht werden kann.

Wenn Luther auf einer Welle der Zustimmung ritt, war er meist mißverstanden. Die Massen jubelten ihm auf den Straßen zu wie einem Befreiungskämpfer. Er war bereits exkommuniziert. Die Bannandrohungsbulle des Papstes hatte er trotzig verbrannt. Nun brannte Rom darauf: ihn als Ketzer auf dem Scheiterhaufen brennen zu sehen. Aber der Reichstag hatte dem Vatikan eine Anhörung bzw. ein Verhör in Worms abgerungen. Die Reise zum Reichstag wurde zum Triumphzug. Luther erinnerte sich an das Hosianna in Jerusalem und erwartete seinen Karfreitag.
Die Gebildeten im Reich blickten auf den 38-jährigen Professor. Schon 1518 war in Basel die erste lateinische Gesamtausgabe seiner bis dahin veröffentlichten Schriften erschienen. Der Verleger teilte Luther mit, daß Hunderte von Exemplaren auch nach Frankreich, Spanien und Italien verkauft wurden und er sogar an der Pariser Sorbonne mit Zustimmung gelesen werde. Außer Erasmus, der sich aus Konflikten gerne heraushielt, nahmen so gut wie alle namhaften Humanisten für Luther als einen Vorkämpfer der Bildung Partei.
Und auch die sozial Schwachen, die ausgebeuteten Bauern, erwarteten für sich einen Befreiungsschub. Lutherbilder mit

und ohne Heiligenschein fanden reißenden Absatz. Der päpstliche Legat Aleander berichtete: „Ganz Deutschland ist in hellem Aufruhr, neun Zehntel erheben das Feldgeschrei "Luther" " (vel. Marin Brecht: Martin Luther, Bd.1, 1981). Eine Welle der Zustimmung machte aus dem Wittenberger Augustinermönch einen Volkshelden. Das kollektive Gedächtnis bewährte seine Weigerung, sich den Autoritäten zu beugen, in den Worten auf: „Hier stehe ich, ich kann nicht anders. Gott helfe mir! Amen." Und wo Zivilcourage und Widerstand gefördert war, zitierte man Luther mit liberaler Miene. Aber die Zustimmung ebbte gewöhnlich ab, wenn Luther zur Sache kam. Bald trennten sich die Wege. Was Luthers letztem Wort in Worms begründend vorausgegangen war, blieb weniger genau im Gedächtnis: „Mein Gewissen ist gefangen in Gottes Wort" Die „Freiheit eines Christenmenschen" war nicht als Lockerung von Bindungen gemeint. Luthers Programm war nicht Emanzipation. Was er unter Freiheit verstand, ergab sich paradoxerweise aus der Bindung seines Gewissens. Er sprach von: „Gefangenschaft". Daß er standhaft sowohl den kirchlichen als auch den staatlichen Autoritäten trotzen konnte, folgte nicht aus der Selbstsicherheit eines emanzipierten Individuums. sondern aus der Bindung an Gottes Wort. Was Gott sagte, galt ihm über alles. Die Welle der Zustimmung verlief sich. Was die Gebildeten sich unter Bildung vorstellten, bot nicht Raum für „das Wort vom Kreuz" (1.Korinther 1, 18), das „den Juden ein Ärgernis und den Griechen eine Torheit" (1.Korinther l, 23) ist Aber das blieb Luthers Thema. Also zogen sich Humanisten von ihm zurück. Und als die Unterdrückten sahen, dass ihre Emanzipation nur mit revolutionärer Gewalt zu erkämpften wäre, gewaltsame Selbstbefreiung aber Luthers Sache nicht war, nannten sie den zuvor als Befreiungskämpfer Umjubelten einen „Fürstenknecht".

Luther aber blieb dabei, Gottes Wort zu predigen. Schon zu Lebzeiten, vor allem aber seit seinem Begräbnis bezeichnete man ihn oft als Propheten. Und er erlitt das Schicksal der Propheten. Wie Jesus sagte: „Kein Prophet gilt etwas in seinem Vaterland" (Lukas 4, 24),wie Mohammed in den mekkanischen Suren des Koran fortwährend klagte (ehe er sich in Medina mit Strenge und Gewalt durchsetzte), so erlebte Luther, daß Gottes Wort, sobald es dem Begehren in die Quere kam, abgeschüttelt und, wenn er insistierte, wütend bekämpft wurde. Nicht nur ließ die Bekehrung der Wittenberger auf sich warten, sogar der Gottesdienstbesuch ließ nach. Hatte Luther schon die Enttäuschung über die Juden nicht verwunden. denen er nach Ghettoisierung und Pogromen im Mittelalter 1523 brüderlich entgegengekommen war, die aber trotz.dem von Jesus als ihren Messias nichts wissen wollten, so kündigte der frustrierte Reformator an Neujahr 1530 einen Predigtstreik in Wittenberg an, den er monatelang durchhielt (vgl. Martin Brecht: Martin Luther Bd. 2 1986).

Luther-Jubiläen werden selbstverständlich mit dem Wunsch gefeiert, dem Reformator rückblickend wieder ein wenig von der Zuneigung einzubringen, die ihm 1521 entgegenkam. Das Ziel muß sein, Luther in möglichster Breite populär zu machen. Nichts gegen harmlose Devotionalien und Luther-Bier. Auch ist nichts dagegen einzuwenden. Auf Nachwirkungen der Reformation in den folgenden Jahrhunderten aufmerksam zu machen und indirekte Einflüsse auf andere Konfessionen hervorzuheben. Luther kann tatsächlich als Vorbild für Zivilcourage gelten. Er riskierte den Tod, um seinem Gewissen zu folgen. Zusammen mit seinem stärker humanistisch geprägten Mitarbeiter Philipp Melanchthon wurde er zum Bahnbrecher der Schulbildung (auch für Mädchen) in Deutschland. Die Politik befreite er von klerikaler Bevormundung. Und der grundsätzliche Verzicht auf Zwang und Druck in Fragen des Glaubens machte ihn zu einem Vorläufer religiöser Toleranz. Von der Verfeinerung der deutschen Sprache durch eine Bibelübersetzung und den Impulsen für das Aufblühen des deutschen Kirchenliedes mit Auswirkungen in der Musikgeschichte nicht zu reden. Das heutige Europa ist in vieler Hinsicht Erbe der Anregungen, die von Luther ausgingen.

Die Jahresthemen der Luther-Dekade sind solide begründet. Und es spricht auch vieles dafür, daß die Erben der Reformation sich als „Kirche der Freiheit" empfehlen. Gewisse Anzeichen einer Wiederentdeckung Luthers auch bei kirchenfernen Kulturschaffenden - daß z.B. der DDR-Widerständler Stephan Krawczyk jetzt Luther Lieder widmet- säumen den Anmarschweg zum Reformationsgedenken. Aber das Beispiel der Reformationsjubiläen 1817 und 1917 mit ihrer Stilisierung Luthers zum Bahnbrecher neuzeitlichen Fortschritts und zum National-Heros gibt zu denken. Aus heutiger Sicht war Luther mißverstanden, als er damals von einer Welle der Verehrung hocherhoben wurde. Vielleicht läßt sich diesmal eine falsche Vereinnahmung Luthers für aktuelle Anliegen vermeiden. Vor allem wäre von der Kirche, die sich auf seinen Namen beruft, ein klares Herausarbeiten dessen zu erwarten, worum es ihm im Grunde ging. Auf dieses Grundanliegen, so scheint es, hat Joseph Ratzinger, der eine Zeit lang als Papst Benedikt XVI. amtierte, bei seinem Besuch im Erfurter Augustinerkloster deutlicher hingewiesen als die amtliche Luther-Botschafterin und die Spitzen der EKD. Luther war es um Gott zu tun. Wie man Gott gerecht werden kann war seine Frage. Und von der Antwort, die er auf die er Frage gefunden hat, wollte er sich unter keinen Umständen mehr abbringen lassen.

Seit mehr als einem Jahrhundert war mit wachsender

Ungeduld ein allgemeines christliches Konzil zur Kirchenreform gefordert worden. Endlich entschloß sich Papst Paul III., es 1537 nach Mantua einzuberufen. Die Fronten waren verhärtet. An Einigung war kaum mehr zu denken. Luthers Landesherr neigte dazu, das Konzil nicht zu beschicken. Die Reichsstände, die sich zur Reformation bekannten, berieten in Schmalkalden. Luther meinte, wenn das längst Geforderte endlich in Aussicht stehe, müsse man, koste es, was es wolle, und scheine es noch so hoffnungslos, daran teilnehmen. Er selbst aber war todkrank. Der Kurfürst bat, er möge, gleichsam als sein Testament, aufschreiben was er dem Konzil als Gesprächsgrundlage vorschlagen würde. So entstanden die „Schmalkaldischen Artikel". Das Konzil wurde abgesagt und fast ein Jahrzehnt lang immer wieder verschoben. Luthers Artikel wurden zwar von vielen Theologen unterschrieben, aber nicht als offizielle Stellungnahme des Schmalkaldischen Bundes übernommen. Durch Bestätigung in Kursachsen wurden sie aber später und bis heute zu den grundlegenden Lutherischen Bekenntnisschriften gezählt (vgl. Martin Brecht: Martin Luther Bd.3, 1987).

Luther legte darin dar, worüber man verhandeln könne, und was für ihn unverhandelbar war. Sein Papier gliedert sich in drei Teile. Im ersten erwähnt er nur kurz, was für ihn feststand, aber zwischen Traditionalisten und Reformern in der Kirche damals nicht umstritten war, daß Christen nicht an den Gott der Muslime glauben (vgl. Confessio Augustana 1530, art. 1), sondern an den dreieinigen Gott. Im dritten Teil listete er Fragen auf, über die ein theologischer Dialog zu führen wäre. Wovon man aber unter keinen Umständen abweichen darf, erläutert er im zweiten Teil. Hier geht es um die Frage, wie man Gott gerecht wird Das ist die Grundfrage jeder Religion. Sie wird unterschiedlich beantwortet. Die christliche Antwort ergibt sich für Luther aus der Bibel eindeutig und schließt alle anderen Antworten aus. Entscheidend ist also, wie Papst Benedikt feststellte, die heute so fern gerückte Gottesfrage und die Art, wie das Neue Testament sie beantwortet. Luther zitiert den Römerbrief (3,28):,,Wir halten, daß der Mensch gerecht werde, ohn Werk des Gesetzes durch den Glauben". Man wird der Wirklichkeit Gottes gerecht, wenn man sich darauf verläßt, durch Christen trotz eigener Mangelhaftigkeit bei ihm Anerkennung zu finden. Daraus folgt dann durch Impuls des Heiligen Geistes auch die Befähigung, dem Willen Gottes aktiv zu entsprechen.

Luthers Rechtfertigungslehre wurde von dem erst nach dem Tod des Reformators in Trient zusammentretenden Konzil verworfen und blieb der Hauptstreitpunkt zwischen den getrennten Konfessionen in der abendländischen Christenheit und ihren weltweiten Missionskirchen. Erst am Ende des 20. Jahrhunderts gelang eine sensationelle „Gemeinsame Erklärung zur Rechtfertigungslehre". Aus verschiedenen Gründen hat sie die einigende Wirkung nicht entfalten können, die man sich davon versprochen hat. Der Hauptgrund war nach Papst Benedikt der Schwund des Gottesbewußtsein. Luthers Anliegen Gott gerecht zu werden, ist dem modernen Menschen fremd geworden weil er Gott fern gerückt ist. Es müßte eine Umkehr zu Gott stattfinden um zu verstehen, was Luther eigentlich wollte. Er schrieb 1537: ,,Darum müssen wir des gar gewiß sein und nicht zweifeln. Sonst ist's alles verlorn".

Wollte man die ,,Freiheit eines Christenmenschen" proklamieren, ohne die ernste Frage zu stellen, wie man Gott gerecht wird, könnte man Luther hochjubeln, ohne ihn verstanden zu haben. Nur die Gewissheit, im Glauben an Christus Gott gerecht zu werden, macht einen zum „freien Herrn aller Dinge ", der von aller religiösen Zwanghaftigkeit erlöst ist, aber zugleich, entgegen eudämonistischen

Ansprüchen, zum „dienstbaren Knecht aller Dinge" in der vom Geist Gotte inspirierten Liebe.

Die kulturellen und politischen Fernwirkungen der Reformation behalten ihre aufbauende Kraft nur solange sie an die Mitte des Anliegens Luthers gebunden bleiben. Davon abgeschnitten, bewahren sie ihre Farbe wie Schnittblumen nur ein paar Tage, dann verwelken sie. Unter den Schlagworten „Freiheit", „Bildung" und sogar „Toleranz" kann auch Lebensfeindliches vorangetrieben werden. Das Luther-Jubiläum sollte Europa daran erinnern, daß die Errungenschaften der Reformation nur dann lebendig bleiben, wenn ihr Ausgang Punkt nicht verdrängt wird, die Frage, wie man Gott gerecht werden kann.

Der
Reformator
Martin Luther:

Wie wird
man Gott gerecht?

XIV.
Parochie Simmenau.

(Gesammelt und redigirt vom Pastor Robert August Dütschke zu Rosen.)

- 1645---1652. Adam Albinus, geboren zu Friedland den 26. December 1606 im Opplischen Fürstenthum, studirte zu Tropau in der böhmischen Schule 1618, zu Neustadt 1623, zu Brieg, Kemnitz 1½ Jahr, zu Barfeld in Zipserlande 1½ Jahr, zu Wittenberg 1627, wurde Pastor zu Drolwitz und Schönwalde im Wartenbergischen 1643, zu Simmenau 1645 6 Jahr 15 Wochen, zu Schollendorf und Ober-Stradom 1647, Exul 1654, Pastor zu Olbendorf eod.anno, starb 28. Febr. 1676, 70 Jahr 9 Wochen alt, min. 33 Jahr 4 Wochen. (Fuchs, Kirchengeschichte des Fürstenthums Oels.)

- 1652---1668. Wilhelm Motellus (Sinapius nennt ihn Modellus), geboren zu Marggrabowa, nach Anderen Oletzko in Preussen 1626. Er hat das älteste Kirchenbuch angefangen und ist gestorben im August 1668. Seine Frau war Anna Maria geb. Leubeker. Ein Sohn Gottfried Wilhelm, geboren 1668 den 30. Januar. (Fuchs, Kirchengesch. Des Fürstenthums Oels. ---Simmenauer Kirchenbuch.)

- 1668---1675. Mattheus Muscalius. Ein Pitschener Stadtkind, welches allda und in Brieg die ersten Brocken der Gelehrsamkeit einsammelte und zu Jena seine Studien absolvirte. Zu Oels erhielt er 15. Novbr. 1668 seine Ordanition als Pastor zu Simmenau und Deutsch-Würbitz. Er ging nach Schreibendorf bei Strehlen 1675 den 9. Juli und verwaltete 33 Jahre lang treu sein Amt. Sein Gedächtniss verliess ihn fast ganz und er hatte nach und nach 3 Substituten, bis er 1708 in Quiescenz trat und 1714 den 19. Juli in eine bessere Welt ging. Er war 76 Jahre alt, folglich 1638 geboren, und 40 Jahre im Amt. Seine Frau Barbara geb. Seidel, Tochter des Pastor Georg Seidel bei Maria Magdalena in Breslau, gebar ihm 10. Februar 1673 eine Tochter, deren Taufnahmen aber fehlen. (Ehrhardt.---Simmenauer Kirchenb.)

- 1675---1676. Martin Reimnitz aus Constadt, geht nach Constadt als Diacon 1676. Conf. über ihn daselbst. Seine Frau hiess Maria geb. Martin, welche ihm einen Sohn gebar, der den 3. September 1676 getauft und Ernst Friedrich genannt wurden.

- 1676---1695. Johann Deditius, gebürtig aus Creuzburg, ward 25.p.Trin. 1676 Pastor. Er war verheiratet, doch ist der Name seiner Frau im Kirchenbuch bei den Taufen seiner Kinder nicht angegeben. Er zeugte mit ihr drei Töchter:
1. Maria Elisabet, geb. den 9. November 1685.
2. Johanna Christina, geb. den 13. April 1689.
3. Anna Christana, getauft am Todestag des Vaters den 21. April 1695. +

(Simmenauer Kirchenbuch.)

- 1696. Samuel Schlipalius, wahrscheinlich ist er nur nach Simmenau berufen worden, hat es aber vorgezogen das Pfarramt zu Porschlitz anzunehmen, resp. In demselben zu verbleiben. Vergleiche über ihn sub Proschlitz Nr. 9. Anmerkung 1 und 2. (Erhardt. Fuchs. Kirchenbuch von Simmenau und Proschlitz.)

- 1697---1700 Balthasar Weyditzer, geboren zu Kempen in Polen 1673, ging als polnischer Pastor nach Medzibor den 2. Januar 1700, wurde dort Senior 1705, ging dann nach Domslau 1718. (Fuchs.) Seine

Frau Susanna Elisabet Zernau hat ihm am 30. December 1697 einen Sohn David Balthasar geboren. (Simmenauer Kirchenbuch.)

- 1700---1708. Georg Friedrich Spaniel, gebürtig aus Zduny, wo er 1672 das Licht der Welt erblickte. Allda, zu Lissa und Thorn fing er seine Studien an, welche er zu Wittenberg vollendete. Er erhielt 1699 die Pfarrei Simmenau und den 5. Januar 1700 in Bernstadt die Ordination. Am 22. April 1708 trat er das Pastorat zu Laskowitz an und führte es mit Gott und seiner Gemeinde treu meinend bis an sein Ende den 1. September 1748. -- Seine Frau war Anna Elisabet Curvin. 1703 den 7. Juli ein Sohn geboren Carl Friedrich. (Ehrhardt. Simmenauer Kirchenbuch.) Er schrieb Anzugspredigt, welche 1708 den 22. April Dom. Miseric. Dom. In der Laskowitzer Kirche aus dem Ev. Joh. 10 gehalten worden ist. Breslau 1708. 4. 3 Bogen. Eine Anrede eines freudigen Gewissens zu Gott aus Jer. 17, 16. 17 beim Leichenbegängniss Gottfried Fiebig's Pastoren zu Ohlau etc. Brieg 1734 fol. 10 Bogen. (Ehrh.)

- 1708 Georg Nierownik al. Nirownigk von Wartenberg, ging bald nach Golkowitz. Er war hier nur von Sonnt. Miseric. Dom. bis 19. p. Trinitatis. Cnfr. Über ihn Golkowitz.

- 1708---1709. Christoph Eiswagen war hier nur ½ Jahr und soll nach Pontwitz gegangen sein. Fuchs führt ihn nicht auf unter den dasigen Pastoren; er hat aber auch die Amtsdauer desselben in Simmenau nur auf ½ Jahr angegeben. (Simmenauer Kirchenbuch.)
- 1709---1712. Johann Benjamin Schupelius ein

Oelsner, hier Pastor seit dem 6. October 1709, ging nach Prietzen den 6. December 1712, stirbt den 17. Juni 1747, 60 Jahr 5 Monate alt. Er ist also geb. 1687. (Fuchs.)

- 1712---1726. Christian Wilhelm Henrici aus Bernstadt, titt hier sein Amt an 1712. Dom. 4. Adv. Cnfr. Über ihn Constadt, wohin er ging. Er war verheirathet mit Rosina Magdalena geb. Ernesti, mit welcher er in Simmenau folgende Kinder zeugte:
    1. Johanna Rosina, geb. 1714 den 19. Januar, stirbt den 14. Februar ej.a.
    2. Johanna Christiana,
       geb. 1715 den 26. September.
    3. Christian Gottlierb,
       geb. 1717 den 23. April
    4. Beata Rosina, geb. 1718 den 6. August.
    5. Rosina Magdalena,
       geb. 1721 den 18. Januar.
    6. Benjamin, geb. 1722 den 14. September.
    7. Sophia Eleonore
    8. Ernst Gottlieb
       Zwillinge, geb. 1723 den 10. September. (Simmenauer Kirchenbuch.)

- 1726---1733. Georg Sorger, ging von hier 1733 nach Medzibor als polnischer Pastor und starb daselbst 1744. Seine Frau hiess Charlotte Helena geb. Gerhardt. Tochter, Charlotte Rosina geb. 1727 den 7. März. (Fuchs und Simmenauer Kirchenbuch.)

- 1733---1742. Georg Christian Horn, ging nach Namslau und von da nach Grossburg. Seine Frau war Helene Eleonore von Dresky. Sohn Georg Wilhelm

1738 den 23. Januar geb., 1739 den 6. August gestorben.

(Simmenauer Kirchenbuch.)

- 1742. Carl Littmann, geboren zu Mangschütz, war hier nur ein Jahr, wurde Adjunkt in Laskowitz bei Spaniel, Pastor daselbst 1748 und starb 1765 nach dreiundzwanzigjähriger Amtsthätigkeit. (Ehrhardt.)

- 1743---1756. Johann Gottlob Kleiner, wurde hier Pastor 1743 Dom.21 p. Trin. -- Seine Frau Charlotte Catharina geb. Von Dresky. Töchter:
1.Anna Helena, geb. Den 24. August 1746.
2.Johanna Charlotte,
geb. Den 14. Januar 1749.

(Simmenauer Kirchenbuch.)

- Im Schmardter Kirchenbuche findet sich folgender Passus: "Anno 1755 den 22. April ist der Wohlehrwürdige Johann Gottlob Kleinert, Pastor derer Evangelischen Gemeine zu Symmenau mit Wohlgeborene Freule Wilhelmine Elonora von Frankenberg copulirt worden in Templo Schmartensi." Daraus geht hervor, dass Kleiner sich zum 2. Male verheirathet hat. Das Schmardter Kirchenbuch ist jedenfalls vom Organisten geführt worden, da die Handschrift eine ganz andere ist, als die in dem Rosener Kirchenbuche von demselben Jahr, woher auch die fehlerhafte Schreibart kommen mag. -- Kleiner starb hier 1756. (Schmardter Kirchenbuch.)

- 1756---1766. Johann Wenzel Sassadius wurde hier

Pastor 1757 Dom. Oculi, ging nach Wartenbeg 1766 Dom. Invocavit. Frau: Juliane Maria geb. Von Zajonczek. Kinder:

    1. Charlotte Juliane,
    geb. 1759 den 16. Februar.
    2. Juliane Rosina, geb. 1761 den 6. März.
    3. Johann Ernst Friedrich,
    geb. 1762 den 15. Decbr.
    4. Carl Samuel, geb. 1765 den 20. April.

(Simmenauer Kirchenbuch.)

- 1766---1773. Paul Kischa, aus dem Teschnischen, 1753 bis 1755 Diacon in Constadt, 1755---1766 Pastor in Reinersdorf, vom 16. März 1766 hier, -wo er 1773 den 20. Febr. Stirbt. (Fuchs, Erhardt, Simmenauer Kirchenbuch.)

- 1773---1802. Carl Friedrich Webski aus Oels, wurde den 26. Juni 1773 nach Simmenau vocirt, den 23. Juli ordinirt, den 22. Aug. Dom. 11 p. Trin. Introducirt; er stirbt hier 1802 den 25. Januar. (Fuchs, Simmenauer Kirchenbuch.)

Seine Frau war Johanna Eleonore, geb. Webski. Kinder:

    1. Ferdinand Albrecht, geb. 1778 den 26. Juni.
    2. Friedrich Conrad, geb. 1780 den 10. December.
    3. Ernst Wilhelm, geb. 1783 den 14. April.
    4. Johanne Eleonore, geb. 1785 den 4. Febr.
    5. Sophia Christiana, geb. 1787 den 22. März.
    6. Carl Moritz, geb. 1788 den 22. September.
    7. Caroline Friedricke,
    geb. 1791 den 12. September

8.Ernestine Gottliebe, geb. 1796 den 29. März. Webski wurde 61 Jahre alt; ist also ungefähr 1740 geboren.

- 1802---1810. George Carl Gottlob Prusse ging nach Constadt, cf. Über ihn daselbst. (Simmenauer Kirchenbuch.)

- 1810---1827. Johann Christoph Rüdenburg, ging von hier nach Minken bei Breslau. (Simmenauer Kirchenbuch.)

Er war verheiratet mit Amalie Auguste Friedericke geb. Feldner. Aus dieser Ehe gingen in Simmenau folgende Kinder hervor:
1.Sophie Friedericke, geb. 1810 den 21. December.
2.Carl, geb. 1812 den 13. Juli.
3.Friedrich
4.Emilie Auguste Zwillinge geb. 1814 den 4. Januar.
5.Charlotte Friedericke, geb. 1817 den 13. Ferbruar.
6.Hermann, geb. 1818 den 4. September.
7.Albertine Louise, geb. 1820 den 12. August.

- Rüdenburg war ein sehr geliebter Prediger. Die Simmenauer Kirche wurde damals von den Deutsch-Evangelischen der gesammten Umgegend aufgesucht, wahrscheinlich auch deshalb, weil in der Umgegend selten deutsch gepredigt wurde, während in Simmenau dies sonntäglich geschah und bis jetzt noch geschieht.

- 1827---1836. Carl F. Bauch, geboren den 3. Mai 1802 in Laskowitz bei Ohlau. (Simmenauer Kirchenbuch.) Er besuchte die Universitäten Göttingen uns Breslau bis 1827 in welchem Jahre er zum Pastor von Simmenau berufen wurde. Als die traurigen Wirren in der Parochie Hönigern ausbrachen, in Folge deren der damalige Pastor Eduard Kellner seines Amtes entsetzt wurde, überkam Bauch diese Gemeinde, die er zuerst von Simmenau aus versorgte. 1838 erhielt er die Pastorstelle in Gross-Karzen, als Anerkennung der von ihm in Hönigern geleisteten Dienste. Dort lebt er noch. Er hat einige Flugschriften in deutscher und polnischer Sprache geschrieben. (Anders Statistik.) Seine Frau hiess Alwine, geb. Cretius. Kinder:

  > 1.Gustav Friedrich Emil Bernhard,
  > geb. 1832 den 30. Juni.
  > 2.Pauline Elise Friedericke,
  > geb.1836 den 11.Januar.
  > (Simmenauer Kirchenbuch.)

- 1836---1854. Carl Friedrich Plaskuda, geb. 25. April 1807 in Tarnowitz. Vater J. G. Plaskuda, Leinwandhändler und Kirchendiener. Mutter Helene, geb. Feigs. Er erhielt seine Ausbidung zuerst in der Stadtschule in Tarnowitz, besuchte darauf das Gymnasium in Gleiwitz und ging 1827 nach Breslau auf die Universität, wo er sein Triennium bis 1830 absolvirte. Seine beiden Examina bestand er im Juni 1831 und im April 1834. In demselben Jahre wurde er zum General-Substituten in Breslau berufen und am 15. August 1834 ordinirt. 1835 war er Pfarramtsverweser in Simmenau seit dem 17. November bis zum 11. April 1836 gemeinschaftlich mit dem Pastor Bauch. 1854 den 27. Juni wurde er Pastor von Scheidelwitz und Michelwitz, Diöcese Brieg. -- Im Jahre 1844 war er zur Provinzial-Synode deputirt. 1855 und 1865 war er Mitglied der General-Kirchen-Commision.

(Eigenhändige Mitteilung von Plaskuda.)

Von ihm: Luthers Katechismus in deutscher und polnischer Bearbeitung. Breslau Max 1850. Mehrere Tractate, darunter: Nesselhans. Schreiberhau 1852. Jan Pokrzywa Namslau 1852. Confirmationsscheine, polnisch und deutsch. Am 26. Juli 1836 verheirathete er swich mit Johanna Elisabet, geb. Müller. Kinder:

1. Carl Bernhard, geb. 28. Juli 1838, starb als Dr. med. Im Vaterhaus zu Scheidelwitz.

2. Wilhelmine Agnes, geb. 3. Juli 1840, heirathet den Oberförster Kirchner zu Scheidelwitz.

3. Bertha Elisabet, heirathet den Prediger Kreyher zu Breslau, geb. 16. September 1843.

4. Martin Conrad, geb. 22. Juli 1845 gesotorben 8. August 1846.

5. Max Conrad, geb. 5. April 1848.

6. Carl Friedrich, geb. 1. Mai 1853.

(Simmenauer Kirchenbücher.)

- 1854---1865. Johann Carl Theodor Abicht, geb. 30. April 1818 zu Wielkawies bei Buk im Grossherzogthum Posen. Vater: Johann Friedrich Wilhelm Abicht, Bauinspector in Oppeln, zuletzt in

Posen. Mutter: Eva geb. Woetzmann. Er besucht zuerst die Elementarschule in Posen, dann die 3 klassige Vorbereitungsschule, später das Gymnasium daselbst. Bei der Theilung des Gymnasiums in ein evangelisches Wilhelms- und ein katholisches Marien- Gymnasium kam er auf ersteres in die Tertia. 1839 bis 1842 studirte er in Breslau. 1844 absolvirte er das erste, 1846 das zweite Examen in Posen, ordinirt 13. September 1848 in Breslau. 1848 war er in Namslau Pastor subtitutus, dann daselbst polnischer Pastor. Nach Simmenau berufen, wurde er am 30. October 1854 daselbst feierlich empfangen und am 1. Advent desselben Jahres durch Ephorus Kern installirt. Am 8. April 1865 ging er als deutscher Pastor nach Pless, wo er noch amtirt. -- Abicht hat für das kirchliche Leben und für die Hebung der Pfarre viel gethan. Er führte Missionsgottesdienste in Simmenau ein, hat auch das Gesangbuch für Schlesien bald nach dessen Erscheinen für den deutschen Gottesdienst angenommen. -- Die Pfarrwidmuth hat er theils von Pächtern, theils vom Dominium übernommen. Ein massives Stallgebäude ist gebaut, ebenso die Umzäunung um Pfarre und Garten neu hergestellt worden. Für die Kirche, deren Neubau höchst nothwendig ist, hat er ein Grundstück erworben. -- Verheirathet ist Abicht seit 1849 mit Marie Elisabet Bertha geb. Hoffmann, Tochter des verstorb. Bauinspector Wilhelm Hoffmann in Posen und dessen Ehegattin Wilhelmine geb. Brummer. Gott hat ihn mit einer starken Familie gesegnet, 12 Kinder sind ihm geschenkt worden, von denen 10 leben. Der älteste in Namslau geborene Sohn Rudolf besucht jetzt die Prima des Friedrich-Wilhelm-Gymnasii zu

Posen und will Theologie studiren. In Simmenau sind ihm folgende Kinder geboren worden:
1.Heinrich Paul Otto Maximilian, geb. 7. October 1855.
2.Elisabet Gertrud Hedwig, geb. 5. Juli 1857.
3.Robert Carl Theodor Johannes, geb. 20. Mai 1859.
4.Heinrich Paul Martin, geb. 6. Februar 1861.
5.Carl Otto Heinrich Albert, geb. 28. Decbr. 1863.
6.Robert Walter Theodor Heinrich, geb. 12. März 1865.

(Eigenhändige Mittheilung des Abicht und Simmenauer Kirchenbuches.)

- 1865 bis jetzt. Carl Heinrich Remmy, geb. am 7. August 1817 zu Racot bei Kosten in Grossherz. Posen, Vater: Johann Remmy, Königlich Niederländischer Forstverwalter. Mutter: Anna Rosina geb. Noak. Er besuchte das Gymnasium zu Lissa von 1333--39, die Universität Breslau von 1839--42. Sein Examen absolvirte er in Posen. Vor seiner Berufung nach Golkowitz war er Hauslehrer in verschiedenen Familien der Provinz Posen. In Golkowitz zog er ein am 1. April 1852, ordinirt wurde er in Breslau am 21. April ejusd. anni. In den Ehestand trat er am 30. Juni 1852 mit Mathilde geb. Schwager aus Lissa im Posenschen. Gott schenkte ihm 3 Kinder und zwar:

1.Adolf, geb. 9. April 1853.

2.Auguste, geb. 29. October 1854.
3.Mathilde, geb. 26. December 1859.
Am 1. October 1859 ging er von Golkowitz
nach Simmenau.

Der Versailler Vertrag

Achter Abschnitt. Polen.
Artikel 87.

Deutschland erkennt wie dies bereits die alliierten und assoziierten Mächte getan haben, die völlige Unabhängigkeit Polens an und verzichtet zugunsten Polens auf alle Rechte und Ansprüche auf das Gebiet, welches begrenzt wird durch die Ostsee, die Ostgrenze Deutschlands gemäß ihrer Festsetzung in Artikel 27 des II. Teiles (Grenzen Deutschlands) des gegenwärtigen Vertrages bis zu einem etwa 2 Kilometer östlich von Lorzendorf belegenen Punkte, ferner einer Linie bis zu dem spitzen Winkel, den die Nordgrenze Oberschlesiens etwa 3 Kilometer nordwestlich von Simmenau bildet, weiterhin die Grenze Oberschlesiens bis zu ihrem Zusammentreffen mit der alten Grenze zwischen Deutschland und Russland, dann diese Grenze bis zu dem Punkte, wo sie den Lauf des Njemen schneidet, sodann durch die Nordgrenze Ostpreußens, wie sie in dem Artikel 28 des vorerwähnten II. Teiles bestimmt wird.

Die Bestimmungen dieses Artikels finden jedoch keine Anwendung auf die Gebiete Ostpreußens und der freien Stadt Danzig, wie sie in dem genannten Artikel 28 des II. Teiles (Grenzen Deutschlands) und im Artikel 100 des Abschnittes XI (Danzig) des vorliegenden Teiles bestimmt sind.

Die Grenzen Polens, die in dem vorliegenden Vertrage nicht näher bezeichnet sind, werden die alliierten und assoziierten Hauptmächte später bestimmen.
Eine Kommission, bestehend aus 7 Mitgliedern, von denen 5

durch die alliierten und assoziierten Hauptmächte ernannt werden, eines durch Deutschland und eines durch Polen, tritt 14 Tage nach Inkrafttreten des vorliegenden Vertrages zusammen, um an Ort und Stelle die Grenzlinie zwischen Polen und Deutschland zu ziehen.

Die Kommission entscheidet mit Stimmenmehrheit; ihre Beschlüsse sind für die Beteiligten bindend.

Bierdorf Simmenau
Kreis Kreuzburg

In Breslau gab es einst auf der Neuen Taschenstraße ein Lokal, welches den Namen "Simmenauer Garten" trug und den alten Breslauern und den Menschen, die aus der Provinz kamen, ein Begriff war. Aus den letzten Jahrzehnten ist es unter den Bezeichnungen "Voltaire-Theater" und "Alkazar" bekannt gewesen. Dort wurde seit der Gründung das vielgerühmte Simmenauer Bier ausgeschenkt, das sich einer großen Beliebtheit erfreute. Es hatte 12 Prozent, das Exportbier 18 Prozent und das Simmenauer Bockbier gar 20 Prozent. Das war um die Blütezeit, und in einer Urkunde lesen wir: "Es muß ein guter Schluck gewesen sein und gar köstlich gemundet haben." Gegründet wurde dieses Bauunternehmen durch Freiherrn Rudolph von Lüttwitz im Jahre 1859. Acht Gespanne waren täglich unterwegs, um das beliebte Getränk in die schlesischen Gaststätten der Städte der rechten Oderseite von Kattowitz bis Breslau zu bringen. Es waren vor allem die tüchtigen Braumeister, unter denen sich auch ein Haselbach/ Namslau befand, die für den Ruhm des "Simmernauer Bieres" sorgen halfen. Die Ortschronik berichtet von alljährlichen Festen, bei denen "der Herr Baron Bier und Geld für Würstchen spendete." In ihr lesen wir auch von einem Brande des Eiskellers (!) von 1877, von dem sich die alten Leute aus Konstadt, Namslau und Umgebung noch lange erzählten. Das große Durstlöschen nach dem Brande war doch so schön!" Sehenswert waren bis in die jüngste Vergangenheit die unterirdischen Kellerräume mit ihren langen, tunnelartigen Gängen, in welchen das köstliche Naß die Lagerzeit durchzumachen hatte. Leider ging die Brauerei im Jahre 1899 ein, und erst 1923 wurden die Fabrikräume für eine

Dampfmühle nutzbar gemacht, deren Bau und Schornstein weithin sichtbar waren.Eine besondere Zierde des Ortes war das herrliche Schloß, welches durch Baurat Hitzig aus Berlin englisch-gotischem Stil erbaut worden war (Tudorstil). Das Dominium Simmenau des Kreuzburger Landkreises wurde durch die Zusammenlegung von zwei Gütern, Ober- und Nieder- Simmenau, zu einem der großen Besitze der schlesischen Heimat geschaffen und wechselte, wie so viele Gutshöfe Schlesiens, oft seinen Besitzer. Die Zusammenlegung der beiden Anteile erfolgte unter einem Herrn v. Vippach, nachdem vorher hier Graf Gessler, von Studnitz, von Götz und von Prittwitz einander gefolgt waren. Seit 1792 war Simmenau im Besitz der Freiherrn von Lüttwitz, und 1822 übernahm ein Rudolph v. Lüttwitz das Erbe. Dieser betrieb eine gewisse Industrialisierung des Ortes, indem er neben einem rationellen Flachsbau auch an die Spiritus und Bierfabrikation heranging. Der letzte Besitzer, v. Becker, verkaufte das Gut mit Schloß und Mühle an den Staat. Im Schloß, das längere Zeit leer stand, befand sich zuletzt ein großes Arbeitsdienstlager für männliche Personen. Das schöne Bauwerk des Schlosses und dessen einst gepflegte Parkanlagen machten in den Kriegsjahren keinen besonderen Eindruck mehr, da sie für dergleichen Zwecke nicht geschaffen waren. Das Dorf Simmenau zählte vor dem Einbruch des Feindes annähernd 1 400 Einwohner, von denen nur ein ganz geringer Teil dort blieb. Es gehörte zu den großen, landwirtschaftlich hochstehenden Dominialdörfern längs der einstigen polnischen, vormals russischen Grenze, um deren Verlust die Menschen der schlesischen Heimat trauern, ohne aber dadurch im Willen zur angestammten Heimat geschwächt zu sein.

Karl Fleischer

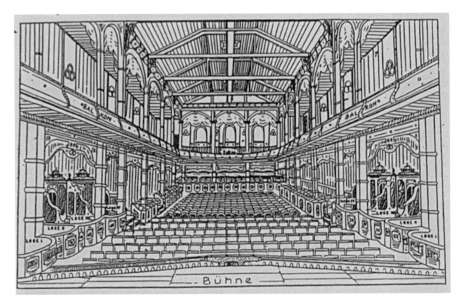

Teatr Victoria przy - So sah der Zuschauerraum in Victoria-Theater aus.

Diese Seite aus einem polnischen Architektur-Buch/Kapitel: Breslauer Theater, zeigt oben den Zuschauerraum, wie er zur deutschen Zeit ausgesehen hat.

Das Bild zeigt den heutigen Zustand. Es wird von einem Sportverein als Turnhalle genutzt. Das verraten dem Betrachter des Bildes der Basketball-Korb rechts oben und die Kletterstangen unter der Empore linke Seite. Das Bild: Blick zur Bühne.

Bier von dort wa...

Ein Besuch in Simmenau, einer der ä...

Kreuzburg, 10. August.

Fährt man mit der „Rechten-Oder-Ufer-Bah... von Kreuzburg in Richtung Breslau, dann sieht m... bald rechter Hand ein Dorf in sanfte Hügel einc... bettet liegen, es ist eine der ältesten Siedlung... im Kreise Kreuzburg und führt den Nam... Simmenau.

Manchem älteren Volksgenossen wird der Nar... schon einmal irgendwo aufgefallen sein, und w... Breslau vor einem halben Jahrhundert näher kann... der erinnert sich, daß er einmal einen kühlen Tru... im „Simmenauer Garten" auf der Neuen Tasche... straße unweit des Hauptbahnhofes eingenommen h... Unterdes hat das Lokal öfter seinen Besitzer und d... mit auch seinen Namen geändert. Der Volksmu... aber hielt bis heute am alten Namen fest.

Der Ortsname Simmenau rührt vermutlich v... dem Personennamen Simon her. Aehnliche Ort... namen sind wohl Simmern, Simsdorf u. a. Jedo... hat der Name oft Abwandlungen erfahren, - was a... unordentliche Schreibweisen und Slawisierungen z... rückzuführen ist. Wir lesen in Urkunden und Schri... stücken von Symonowo, Symenaw, Semenaw u... Schimanow.

Dieser Ort ist seit jeher eine reindeutsche Siedlun... eine der ältesten Niederlassungen des Kreuzburg... Ländchens überhaupt. Die Geburtsurkunde v... Simmenau ist noch erhalten. Im ganzen Kreisgebi... gibt es nur noch zwei Ortschaften, Kunzendorf u... Konstadt, die sich dieser Seltenheiten rühmen könne... Aus dieser Urkunde geht hervor, daß der Ort 12... zu deutschem Recht ausgelegt wurde, und zwar na... dem Neumarkter Recht, das vielen Ortsgründung... Schlesiens zugrunde liegt. Simmenau ist soweit ält... als Kreuzburg und Konstadt.

Besonders auffallend an diesem Ort war, da... er in zwei Teile zerfiel und der eine Teil im Oel... der andere im Brieger Herzogtum lag. Natürli...

aben sich aus dieser Teilung vielerlei Unstimmig-
ten, die erst aufhörten, als Schlesien durch Friedrich
Großen zu Preußen kam. In den einzelnen
rhunderten nahm natürlicherweise der Ort auch
 der wechselvollen Geschichte der engeren Heimat
und mancherlei deutsche und fremde Truppen
en hier durch oder nahmen Quartier.

Trotz öfterem Besitzwechsel blieb das Dorf wirt-
aftlich immer obenan und hatte seinen Nachbar-
neinden manches voraus. Seine Glanzzeit aber
lt in das Ende des 18. und den Anfang des 19.
hrhunderts. Damals befand sich das Gut in Hän-
der Familie von Lüttwitz. 1823 wurde hier
e Glashütte eröffnet, die vielen Familien Arbeit
Brot gab. Von ihren Erzeugnissen sind noch
ige Glasteller erhalten, die vom Kreuzburger
matmuseum vor einiger Zeit erworben wurden.

Beinahe weltberühmt wurde Simmenau, als 1859
eine große Brauerei gebaut wurde. Ihr
rish Bier" muß ein guter Schluck gewesen sein
gar köstlich gemundet haben, denn es hatte seine
Prozent, das Exportbier 18 und das Bockbier gar
Prozent. Acht Gespanne waren täglich unterwegs
brachten das Bier in die Städte des heutigen
rthegaues, nach Beuthen, Kattowitz und Gleiwitz
zeitweise gar in die mittelschlesischen Städte der
ten Oberseite selbst bis nach Breslau. Dort
nkte der obengenannte „alte Simmenauer"
ginal Simmenauer Bier aus

Der damalige Besitzer des Gutes und der Brauerei
bei der Bevölkerung sehr beliebt und sein Name
de noch in späteren Jahrzehnten gern genannt.
fast allen Festen gab es von ihm gespendetes
r und Geld für Würstchen. Und als 1877 in dem
zen Eiskeller ein Brand entstand, gab es natürlich
dem Löschen für die Feuerwehrleute aus Kon-
und Namslau und den umliegenden Ortschaften
gewaltiges Durstlöschen, von dem man sich noch
ze erzählte. 1899 wurde die Brauerei, aus der
ganze Reihe tüchtiger Braumeister hervorgegan-
war, stillgelegt. Noch erhalten und sehenswert
heute die großen unterirdischen Kellereien. Später-
de in die Brauereiräume eine Dampfmühle gelegt.

Des Ansehens würdig ist auch das Schloß, das
t Rudolph von Lüttwitz erbaute und das nunmehr
ßul von Becker, hatte es 1929 an die Oberschlesische
bgesellschaft verkauft. Leider ist man dem schönen
imenauer Waldgebiet sehr stark zuleibe gegangen,
die reizvolle Landschaft hat an Schönheit ver-
n. Das Gut selbst wurde aufgeteilt und mit
lern aus den Westgebieten des Reiches besetzt, die
ihrem Fleiß nun östliche Erde unter ihrem Pflug
men und neue Dorfteile erstehen ließen. Bemer-
wert wäre noch, daß der Züchter der bekannten
ermannhunderasse ein Simmenauer ist.

Obwohl der Ort immer weitab von den großen
ehrsadern Schlesiens lag, so gaben ihm doch die
iebsamen Menschen einen guten Klang und alle
wisierungsversuche vergangener Jahrhunderte
terten an der aufrechten Haltung seiner deutschen
ölkerung. Und deutsch wird dieses Dorf bis in
fernsten Zeiten bleiben. K. Fl.

Bald verband sich das alte Dorf mit dem neuen Dorf. Die Gemeinde vergrößerte sich erheblich.

Der Uebergang in das Dritte Reich hat auch Simmenau nicht unberührt gelassen. In dem alten Schloß, das keiner andern Verwendung zugeführt werden konnte, wurde der Reichsarbeitsdienst untergebracht, der mit jungen Kräften viele Verbesserungsarbeiten zur Ausführung brachte, die mit andern Mitteln nicht zu leisten waren. Das Dorf erfuhr bald in seinem Aeußeren eine ins Auge fallende Umwandlung und kann gegenwärtig mit neuen Hoffnungen in die Zukunft blicken.

P.S. Der Schwarzwald nähe Mühlberg wurde vom Arbeitsdienst
    gerodet.
    Den Acker bekamen die Siedler von der Kastanienallee.

Die Cholera in Simmenau

Die Kirchenchronik von Simmenau berichtet hierüber: „Im Jahre 1852 sucht die Cholera mit beispielloser Wut Simmenau heim. Sie bricht im Monat September, nachdem sie in Kreuzburg verheerend gewirtschaftet hat, auf der Glashütte aus und rafft von den dort lebenden 114 Personen in kurzer Zeit 25 hin. Anfang Oktober kommt sie ins Dorf selbst, fordert an 70 Opfer und vertilgt ganze Familien. Den 11. Oktober starben 13 Personen, (nach den Kirchenbüchern 11 Personen. Syg.) und man hat Mühe, die Leichen hinauszuschaffen. In dem Glockschen Hause, (das dem zum Filor-Kretscham gehörenden massiven Hause gegenüber, zwischen der Schmiede und dem Wieprz'schen Hause vor 6 Jahren massiv erbaut worden), starben 21 Personen. Der Herd der Krankheit beschränkt sich auf 8—10 Häuser. Der Wirtschaftsinspektor Albert Dorin macht sich verdient. Herr Baron von Lüttwitz, der nach Breslau mit den Seinen geflüchtet, bringt die größten Opfer, um seiner Gemeinde beizustehen. Mutlosigkeit und Selbstsucht nahmen überhand, der Pastor erliegt endlich selbst den vielen Anstrengungen und erschütternden Aufregungen und schwebt vier Wochen lang in Lebensgefahr. In dieser Zeit reifen in ihm die neuen Pläne zum Wiederangriff des Kirchenbaues."

Eine andere spätere Aufzeichnung besagt über die Cholera: „Im Jahre 1852 wütete die Cholera in Simmenau. Nachdem bereits kurz vorher 3 Kinder an Ruhr bzw. Durchfall gestorben waren, hielt die Cholera am 12. September ihren Einzug und hielt bis zum 30. November an. Es starben 48 Erwachsene und 31 Kinder in dieser Zeit an der Cholera, in Summa 79. Meistens wurden sie am Tage darauf still begraben und zwar auf dem neuen Kirchhof, der wohl erst in dieser Cholera-Zeit angelegt bzw. von dem Kirchenpatron zum Begräbnisort angewiesen wurde. Links vom Wege sollen die Choleraleichen begraben sein. Es wurden zum Teil große Gräber gemacht, in die man die Leichen ohne Sarg (wohl erst dann, als man nicht mehr genügend Särge schaffen konnte — nach mündlichen Ueberlieferungen, Syg.) nebeneinander legte. Namentlich auf der Glashütte sollen viele gestorben sein, aber auch im Dorfe. Am 11. Oktober starben 10 (11) Menschen: 5 Erwachsene und 5 Kinder." Eine Familie starb ganz aus.

Soweit die Chroniken. Spärlich fließen heute die Nachrichten aus jener Zeit. Als Träger fungierten immer dieselben Männer, die reichlich Schnaps und Tabak bekamen. Auch soll man jedem eine Zitrone in die Hand gegeben haben (Desinfektion?). Der Verkehr zwischen dem Dorf und den Kolonien war verboten. An den Dorfausgängen waren Vermittler, die die Aufträge zwischen Kolonien und Dorf entgegennahmen und ausführten. Ganz sicher scheint aber die Absperrung nicht gewesen zu sein: denn der Stojan Karl verstand es doch, sich an den Posten vorbei nach Glashütte durchzuschleichen, um seine Braut, die Kirsch Karoline, zu besuchen. Von dem Krankheitsbilde weiß man nur noch zu erzählen, daß die Kranken im Garten in der Sonne saßen, neben sich eine Kanne Wasser, um den unstillbaren Durst zu löschen.

Und heut: Kein Denkmal zeigt die Stätte, wo diese Toten ruhen. Auf dem Rasen, der sie deckt, blüht der Flieder. Und die Nachtigall singt dort ihr Lied und weiß nichts von all dem Leide, das unter ihr begraben liegt.

Sygusch.

Am Sonntag, den 24. Januar ds. Js. fand in Neust
im Hotel „Lamm" eine Siedlerversammlung des Eva
Südwestdeutschen Siedlungsdienstes statt. Herr Pfar
Schwander begrüßte die zahlreichen Teilnehmer und w
sie darauf hin, daß die Innere Mission sich verpflich
fühlt, den Pfälzer Glaubensgenossen von den günstig
Siedlungsmöglichkeiten in Oberschlesien Kenntnis zu ges
Herr Direktor Dr. Czieslik von der Oberschlesischen Lan
gesellschaft erläuterte die Ziele dieses gemeinnützigen Unt
nehmens und besprach mit den Siedlungsinteressenten
einzelnen Paragraphen des Kaufvertrags. Fünf Siedlung
anwärter, die bereits eine Besichtigungsfahrt mitgema
hatten, schlossen rechtsverbindliche Kaufverträge über d
Erwerb von Siedlerstellen auf „Simmenau" ab.

Das Gut „Simmenau" im Kreise Kreuzburg in Ob
schlesien, dem schon wiederholt Besichtigungsfahrten unser
Siedlungsdienstes gegolten haben, liegt in einer rein pro
stantischen Umgebung. Kirchen- und Schulverhältnisse si
günstig, wie wir bereits früher im Ev. Kirchenboten m

Siedlerstellen mit je 60 Morgen Land zu haben. D
heutigen Geldverhältnissen entsprechend sind die Erwerb
edingungen sehr günstig. Der Gesamtpreis eines solch
Siedlerhofes beträgt durchschnittlich RM 30 000. Die A
zahlung ist auf RM 2500.— zurückgegangen. Dieses G
nuß vor Bezug entrichtet werden. Ferner sind weite
RM 500.— bei der Auflassung, d. h. etwa 4 Jahre spät
zu bezahlen. Die Rente aus dem Restkaufgeld wird im ers
Jahre erlassen, im 2. Jahre sind 1½%, im 3. Jahre
und im 4. Jahre 4% zu zahlen. Vom 5. Jahre an si
4½% Zins und ½% Tilgung zu leisten. Die Siedler könn
schon vom 1. April ds. Js. an ihre Stellen bezieh
Spätestens jedoch sollte der Aufzug bis zum 1. Juni 19
erfolgen. Ein ausreichender Verpflegungsanteil aus
Ernte 1931 bis zur Einbringung der neuen Ernte ist mit
Kaufpreis enthalten. —

Eine völlig neue Form der Siedlung, die sog
nannte Gruppensiedlung, trägt der starkgeschw
denen Kapitalkraft unserer Siedler Rechnung. Es hand
sich hierbei darum, durch die Mitarbeit der Siedler u
ihrer Familien an dem Aufbau des Siedlungsdorfes
Barmittel wesentlich herabzusetzen. Es ist geplant, daß e
Gruppe von Siedlungswilligen gleichzeitig „Simmenau"
zieht und gemeinsam die Aufstellung der Gebäude vornim
Es sollen 18 Stellen mit je 30 preuß. Morgen ausgel
werden. Bis zur Fertigstellung der Baulichkeiten werden
Siedler und ihre Familien in einem weitläufigen Wo
gebäude untergebracht. Die Verpflegung wird ihnen
geringen Preisen von der Gutsverwaltung geliefert. E
solche 30 Morgenstelle kostet einschließlich des von der Ob
schlesischen Landgesellschaft zur Verfügung gestellten B
materials rund RM 14 800.— Dieses Material wird
für einen vom staatlichen Kulturamt genehmigten Bau
geliefert. Es ist dringend anzuraten, daß zur Beschleunigu

eteilt haben. Die Bodenbeschaffenheit ist als durchaus gut
zu bezeichnen. Es handelt sich um Mittelboden 3. und 4.
Klasse; die Ackerkrume beträgt 40 cm. Der Untergrund ist
Lehm, teils sandiger Lehm. Der Boden hat eine sehr gute
Kultur und verspricht sichere Erträge. Der Durchschnitts=
ertrag beträgt in Zentnern für:

Roggen	9	Kartoffeln	90
Weizen	12	Runkeln	200
Hafer	10	Zuckerrüben	150
Gerste	11	Flachs	20
Gemenge	12		

In der Pfalz dagegen betragen die Durchschnittserträge
z. B. in Kartoffeln je Morgen 70,4 Ztr., in Weizen 8,5 Ztr.
Auf Grund dieser Feststellungen können wir also wohl
hoffen, daß es den Pfälzer Siedlern in „Simmenau" gut
gehen wird und daß sie ihren Entschluß, die Heimat
verlassen zu haben, nicht bereuen werden.

Da „Simmenau" zur Zeit noch über einen größeren
Grundbesitz verfügt, sind jetzt wiedes Aufbaues eine Anzahl von Facharbeitern, wie Zimmer=
leute und Maurer, möglichst aus den eigenen Familien der
Siedler mitwirken. Fremde Kräfte würden die Siedlung
versteuern. Die Anzahlung für die beschriebene 30 Morgen=
Stelle beträgt RM 1500.—, weitere RM 1300.— sind zur
Inventarbeschaffung bereitzustellen und zu hinterlegen.

Diese neue Form der Siedlung verlangt von jedem
einzelnen Siedler einen hohen Grad von Gemeinschaftsgeist.
Dieser soll späterhin seinen Ausdruck in genossenschaftlicher
Zusammenarbeit der gesamten Siedlung finden. Es bestehen
bereits auf „Simmenau" eine große Brennerei, eine Kartof=
felflockenfabrik und eine Getreidemühle. Diese Betriebe
sollen künftig in genossenschaftliche Verwaltung übernommen
werden. Der landwirtschaftliche Erfolg einer Siedlung wird
in Zukunft zum großen Teil davon abhängen, daß die Siedler
ein genossenschaftliches Gemeinwesen bilden. Wegweisend in
dieser Richtung sind die Versuche von Prof. Münzinger=
Hohenheim, der bereits ein oberschwäbisches Dorf zu einer
solchen Dorfgenossenschaft zusammengeschlossen hat. Hier be=
stehen schon eine genossenschaftliche Wasch= und Backein=
richtung, Getreide=, Reinigungs= und Beizeinrichtungen.
Durch genaue Buchkontrolle jedes einzeln angegliederten Be=
triebes wird die Rentabilität der neuen Wirtschaftsweise fest=
gehalten. Es kann schon heute gesagt werden, daß der Ueber=
gang zu dieser neuen Betriebsweise als ausgesprochener
Erfolg zu bewerten ist.

Die erste Siedlergruppe für die neue Form der ver=
einigten Gruppensiedlung muß bis spätestens 15. März ds.
Js. in „Simmenau" aufziehen. Die Anmeldungen dazu
sind deshalb umgehend an den Evang. Südwestdeutschen
Siedlungsdienst in Speyer, Ludwigstraße 38, zu richten.
Auf Anfragen sind wir jederzeit gerne bereit, die einzelnen
Interessenten mündlich oder schriftlich zu beraten. Dr. H.

Schlossruine Simmenau abgetragen 1950 - 1955. Simmenau bei Konstadt Oberschlesien, Schloss, 1930 - 1940. Das im Krieg unversehrt gebliebene Schloss wurde in den 1950er Jahren teilweise stark verwüstet. Zur Gewinnung von Baumaterial wurde es zwischen 1950 bis 1955 abgetragen.

Außerdem erhältlich von Ruth Michel:

Das Buch "Simmenauer Begebenheiten" schildert in der Tat die Flucht, Vertreibung und das Schicksal der Menschen aus Simmenau im Kreis Kreuzburg im Jahr 1945. Die Autorin Ruth Michel beschreibt darin sehr realistisch ihre Kindheitserlebnisse und das Leben in Simmenau. Der Band trägt den Untertitel "Dann mussten wir die Heimat am 18.01.1945 verlassen". Dies deutet auf die dramatischen Ereignisse hin, die die Bewohner von Simmenau am Ende des Zweiten Weltkriegs erlebten. Ruth Michel, die Autorin, ist selbst eine Zeitzeugin. Ihre Perspektive als Kind während dieser turbulenten Zeit verleiht dem Buch eine besondere Authentizität und emotionale Tiefe. Durch die realistische Darstellung des Lebens in Simmenau und die Schilderung der Flucht und Vertreibung bietet das Buch einen wertvollen Einblick in ein wichtiges Kapitel der deutschen Geschichte aus der Sicht derjenigen, die es erlebt haben.

164 Seiten - 20 Euro - ISBN 978-3-9822296-4-5

Der zweite Band der Reihe bietet einen umfassenden Einblick in das frühere Leben in Simmenau. Das Buch behandelt verschiedene Aspekte des Dorflebens und enthält folgende Themen:
Inhalt des Buches: Dorfgeschichte, Kindergarten, Schule und Lehrer, Historische Dokumente, Persönliche Erinnerungen und Chronik des Ortes.Diese Themen vermitteln ein detailliertes Bild des Alltagslebens und der Gemeinschaft in Simmenau in früheren Zeiten.
R. Michel die sich der Dokumentation und Bewahrung der Geschichte und Kultur von Simmenau widmet. Es dient als wichtige Quelle für die lokale Geschichte und hilft, die Erinnerungen an das Leben in dieser Region vor den dramatischen Veränderungen durch Krieg und Vertreibung zu bewahren. Durch die Kombination von historischen Fakten, persönlichen Erinnerungen und Dokumenten bietet das Buch einen vielschichtigen Blick auf die Vergangenheit von Simmenau. Es ist besonders wertvoll für ehemalige Bewohner und deren Nachkommen, aber auch für Historiker und alle, die sich für die Geschichte deutscher Siedlungen in Osteuropa interessieren.

124 Seiten - 16 Euro - ISBN 978-3-9822296-5-2

Kreuzburg Stadt und Kreis in Unvergessene Heimat in Bildern
Ein schöner Bildband, welcher an Kreuzburgund den Kreis i
Oberschlesien erinnert. In einem kurzen Abriß wird auch d
Volksabstimmung im damaligen Oberschlesien am 20. März 192
näher erläutert. Das Buch ist auch für Philokartisten sehr interessan
da viele Post und Ansichtskarten aus der damaligen Zeit mit abgebild
sind. Mit zahlreichen farbigen Abbildungen, Karten und Wappe
Bilderdruckpapier in Farbe, Festeinband, gebunden, Atlas Großform
A4.

148 Seiten - 28 Euro - ISBN 978-3-910959-01-9